Peter Erik Hillenbach

Gebrauchsanweisung für das Ruhrgebiet

Piper München Zürich

He fills his head with culture,
he gives himself an answer.
(»At Home He's A Tourist«, Gang Of Four)

ISBN 978-3-492-27541-5
3. Auflage 2007

Karte: cartomedia, Karlsruhe
Gesamtherstellung: Clausen & Bosse, Leck
Printed in Germany

www.piper.de

Gebrauchsanweisung
für das Ruhrgebiet

Für Pia

Glückauf an: Zappo und Bochynek für Duisburg, Dilly für Oberhausen, Helge für Mülheim, Betsy, Ramin und -kopf für Essen, Benno, Frauke und Odermann für Bochum, Silke für Witten, Napi für Dortmund.

Und Glückauf an Dietmar Clausing, Tom Mega und Pete Barany irgendwo im Himmel über der Ruhr.

Inhalt

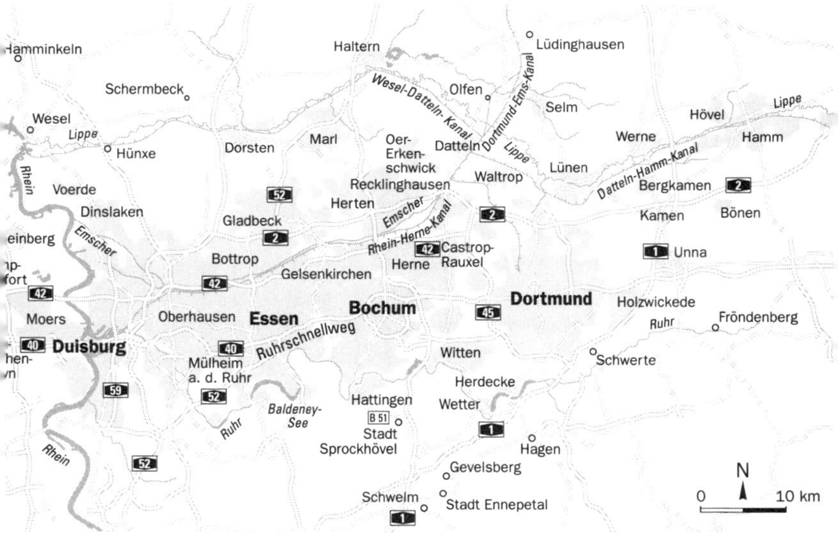

Hamminkeln
Haltern
Lüdinghausen
Schermbeck
Wesel-Datteln-Kanal
Olfen
Dortmund-Ems-Kanal
Selm
Lippe
Hövel
Wesel
Lippe
Hünxe
Dorsten
Marl
Oer-Erken-schwick
Datteln
Lippe
Werne
Hamm
Rhein
Lünen
Datteln-Hamm-Kanal
Voerde
Recklinghausen
Waltrop
Bergkamen
Dinslaken
Herten
Emscher
Kamen
Bönen
Gladbeck
Rhein-Herne-Kanal
Emscher
Castrop-Rauxel
Unna
Bottrop
Herne
Gelsenkirchen
Dortmund
Holzwickede
Moers
Oberhausen
Essen
Bochum
Ruhr
Fröndenberg
Duisburg
Ruhrschnellweg
Witten
Schwerte
Mülheim a. d. Ruhr
Herdecke
Hattingen
Wetter
Baldeney-See
Ruhr
B 51
Stadt Sprockhövel
Hagen
Rhein
Gevelsberg
Schwelm
Stadt Ennepetal
N
0
10 km

Eine 235 Kilometer lange Einleitung (so lang ist die Ruhr)

Tach. Toll, dass Sie sich für das Ruhrgebiet interessieren. Eine gute Wahl. Es ist schließlich schöner hier als in Zürich und Venedig zusammen, und auch wenn Sie noch Wien, Palma und Barcelona draufpacken, wird das höchstens ein Ausgleich in der Nachspielzeit. Die Schönheit liegt bekanntlich im Auge des Betrachters. Und da Sie mich gerade als Ihr Auge auserkoren haben – wahlweise auch als Ihre Stimme, Ihr Ohr und was Sie sonst noch so am Körper tragen –, zeige ich Ihnen gern, warum das Ruhrgebiet etwas Besonderes ist.

Aber vielleicht erzählen Sie erst mal etwas von sich. Sind Sie von hier? Ach was. Dann kennen Sie sich ja hier aus. Gehen Pommes-Rotweiß essen, stellen Ihren

Liegestuhl am Rhein-Herne-Kanal auf und schleppen jährlich Ihren Eimer Fettkohle zu den Ruhrfestspielen, fast wie damals, nach dem Krieg, als Hamburger Schauspieler in Recklinghausen Theater für die ausgebombten Ruhrgebietler gemacht haben und mit Kohle bezahlt wurden, mit der dann das kalte Theater geheizt werden konnte. Oder Sie fahren mit der Straßenbahn durch Vororte mit hohen Mietshäusern, kaufen Ihre Tomaten beim Türken und schwenken in Süd- und Ostkurven schwarz-gelbe und blau-weiße Fahnen. Bestimmt haben Sie schon mindestens einmal mit Rusty im »Starlight Express« mitgefiebert, und Sie wissen, dass eine Menge Leute von außerhalb kommen, um sich Ihre ollen Zechen anzusehen. Soll'nse doch! Und wenn Sie Ihren Kindern am Wochenende den Familienopel leihen, ist am nächsten Morgen der Tank leer. Denn die Blagen fahren die ganze Nacht zwischen Dortmund und Duisburg hin und her, um in Fabrikhallen zu tanzen.

Oder kommen Sie etwa gar nicht aus dem Ruhrgebiet? Dann haben Sie aber doch sicher trotzdem längst eine genaue Vorstellung davon, wie's hier zugeht. Sie wissen, dass seit der Kohlezeit den Ureinwohnern zwischen Rhein und A 1 Grubenlampen auf der Stirn wachsen und verrußte Wäsche tot von der Leine fällt. Sie sind sicher, dass der hiesige Menschenschlag Brieftauben züchtet und in seinem maulfaulen Dialekt sämtliche Wortendungen verschluckt. Er ist natürlich mehrheitlich arbeitslos, probt aber nach Jahrzehnten in selbst gebuddelten Stollen nunmehr den aufrechten Gang: Eröffnet Universitäten, Shopping Malls und Technologiezentren, wird ab und zu Fußballmeister und nimmt zwanzig Meter von jeder Klümpchenbude entfernt reihenweise Comedy-CDs auf. Die Frauen im Ruhrgebiet werden von ihren Männern »Mutti« genannt, tragen saure Dauerkrause und lesen die Fachzeitschrift »Für Ihr«. Und Sie wissen auch: Seit die Ruhrgebietler entdeckt haben, dass sich der Tanz um den gepressten Schachtelhalm wirtschaftlich lohnt, dem die pittoreske Industrielandschaft ihr Schwarzes Gold verdankt, geben sie sich plötzlich irgendwie kulturell wertvoll. So richtig mit Weltkulturerbe und RuhrTriennale.

Vielleicht bin ich gar nicht der Richtige für den Job mit dem Buch hier. Ich bin nämlich verliebt. Verliebt in dieses kaputtzersiedelte Haufendorf, in dem um die fünf Millionen Einwohner leben. Wie soll ich Ihnen da mit gebührendem emotionalen Abstand objektive Fakten vermitteln? Das habe ich mir zwar vor dem Schreiben fest vorgenommen, aber dann bin ich doch ins Persönliche gekommen. Und nun liegen acht Kapitel vor Ihnen, in denen jemand von »seinem« Ruhrgebiet erzählt, aber was gibt dem Kerl das Recht dazu? Da ist es allerdings nur legitim, wenn Sie auch etwas über Ihren Autor erfahren wollen. Nun, ich bin kein mittelständischer Fabrikant aus Dortmund. Auch kein Rathausangestellter aus Essen oder Bochumer Opel-Schichtarbeiter. Ich bin aber jemand, der etwas über die kleine, sauber verputzte Betonplatte weiß, die man auf dem Bürgersteig an der Einmündung der Grummer Straße in die Herner Straße in Bochum-Riemke entdecken kann. Ich bin einer der wenigen Menschen auf der Welt, der weiß, dass dort einmal eine grüne Notrufsäule der Polizei stand. Wie könnte ich je die strenge Stimme des 60er-Jahre-Beamten vergessen, die hinter uns herschimpfte, wenn wir Kinder nach dem verbotenen Drücken der Notruftaste in alle Richtungen auseinander stoben? An derselben Kreuzung haben wir gestanden und Detektiv gespielt: Nachmittagelang die Nummernschilder der vorüberfahrenden Autos aufgeschrieben; die B 51 ist ja eine wichtige deutsche Nord-Süd-Achse, manchmal waren sogar Holländer dabei.

Aber keine Sorge, ich verschone Sie mit Nostalgie. Die Topographie der Vergangenheit soll uns hier nicht allzu ausufernd interessieren. Was hätten Sie auch davon, wenn ich Ihnen von den Märchenfiguren erzählte, die in der Vorweihnachtszeit auf der Wiese vor der alten Polizeiwache neben dem Bochumer Rathaus standen. Ich war vier, ich fror, meine Mutter hielt mich an der Hand, das war für mich »Wir gehen in die Stadt«. Seit Jahrzehnten steht da nun schon die Stadtbücherei und ein Plaza-Einkaufszentrum, oder vielleicht heißt das alles längst wieder anders. Bei Röl, das war ein Spielzeuggeschäft, konnte man Kontaktflächen an den Schaufenstern berühren, und dann setzte sich eine Märklin-Eisenbahn in Bewegung. Sensationell! Zehn Pfennig kostete es, wenn man im Kaufhaus Kortum die Affen in der »Bimbo-Box« zum Tanzen brachte, und im Erfrischungsraum mit seiner Möblierung aus den Mittsechzigern spielte eine Livekapelle.

Es wäre schlimm, wenn ich Ihnen nur davon erzählen würde. Nach fünf Seiten hätten Sie spätestens genug von Kindheitserinnerungen, die nicht einmal Ihre eigenen sind. Viel spannender ist die Entwicklung, die das Ruhrgebiet seitdem vollzogen hat und die gerade heute wieder Bocksprünge macht. Ein ruhiges, lineares Wachsen und Gedeihen ist uns offenbar nicht gegeben; hier explodiert erst plötzlich alles in grenzenlosem Wachstum, nichts ist wie zuvor, und dann geht alles auf einmal den Bach runter. Dazwischen gibt es nichts. Erst kamen die Zechen, dann wurden sie gesprengt, dann wurden wir strukturgewandelt. Und das soll man nun Heimat nennen. Die Internationale Bauausstellung Emscher Park erst brachte den Wandel; sie knöpfte sich das Armenhaus des Ruhrgebiets vor, den gebeutelten Norden längs der Emscher, und verwandelte Brachen in Grünzüge und Stahlwerke in Kulturtempel. Die IBA war der große Katalysator, der in den Achtzigern und Neunzigern unser komplettes Bild von uns selbst auf die Füße stellte: Wir sind etwas Besonderes, wir haben hier Riesenspielzeuge, die kein anderes Kind hat!

Seitdem rennen wir hier herum wie eine Mischung aus unterbeschäftigtem Maulwurf und Sims-Familie. Man beobachtet uns, man registriert, wie wir in

Zechenhallen tanzen und in leergeräumten Kompressorenhäusern unser westfälisches Dinner nehmen. Ich persönlich genieße das. Sollen sie doch alle glotzen und staunen. Es tut gut, in einer riesigen Stadtlandschaft zu leben, in der es vor Superlativen nur so splatattert. Die längste Indoor-Eisbahn der Welt. Der größte Weihnachtsbaum der Welt. Die größte Shopping Mall, das größte Einkaufszentrum Europas. Die tollsten Stadien und die besten blau-weißen Fußballclubs der Welt. Noch viel wichtiger ist die urbane Normalität, nach der ich mich früher so sehnte. Dass man an jeder Ecke seinen Latte Macchiato trinken kann, wird Sie aus Hamburg, Frankfurt, Stuttgart oder München nun wahrlich nicht beeindrucken. Für uns Ur-Ruhris ist das jedoch Beleg für unsere erworbene globale Urbanität, die sich eben auch in High-Tech-Entwicklung, Spitzenmedizin, Lounge-Restaurants und Hochkultur in Industriekathedralen niederschlägt.

Es macht großen Spaß, im Ruhrgebiet zu leben. Wenn Sie auf dem Markt am Fischstand stehen und auf den Seeteufel zeigen, sagt der Oppa neben Ihnen garantiert: »Kärl, wenn ich schon den Wirsing von dem Fisch seh!« Manche Viecher haben aber auch monstermäßige Köpfe. Die schlitzohrige Bodenständigkeit, der selbstironische, lakonische Pommesbudenhumor: Davon kann ich nicht genug bekommen. Aber bitte, wir sind ja nicht im Zoo. Glauben Sie bloß nicht, dass wir hier alle so sprechen. Immerhin, in der Arbeitersiedlung im

Wanne-Eickeler Dannekamp können Sie heute noch Sätze hören wie: »Wennze am malochen biss, musse auch oantlich achilen. Und pass auf, datdat Blaach nich teilacken geht!« Das ist doch herrlich! Diese endlose Ruhrpottsprache: »Sachich für Meine, hömma sachich, watt meinze denn jezz?« So etwas hören Sie nur, wenn Sie zum Beispiel in Recklinghausen auf die Trabrennbahn gehen, wo in der VIP-Lounge grellgrüne Plastikschalensitze installiert sind. Oder auf der Liegewiese in einem unserer alten Freibäder, im Herner Sommerbad etwa. Oder wenn Sie am Stehtisch bei Tchibo ihren Kaffee nehmen oder mit dem Bus durch die Gegend jückeln. Dann erleben Sie die Kraft der Vororte.

Wir Ruhrgebietler sind ja gestandene Lokalpatrioten, sogar auf mehreren Ebenen gleichzeitig. Ich habe den Eindruck, dass etliche von uns eine Ebene überspringen in ihrem Zugehörigkeitsgefühl: In erster Linie identifizieren wir uns nämlich mit unseren Dörfern. Wahrscheinlich liegen starke Wasseradern oder Magnetfelder unter Wambel und Borbeck, unter Erle und Homberg. Da kommen wir nicht von los. Aber statt dann in der nächsten Ebene stolze Essener oder Mülheimer zu sein, überspringen viele diesen Status und fühlen sich als Gesamt-Ruhrgebietler. Das ist fast so wie auf europäischer Ebene, wo Politiker immer fordern, wir müssen ein Europa der Regionen schaffen, aber den Nationalstaat überwinden und gemeinsam auf die EU blicken. So etwas machen wir hier mit links.

Das Bild, das ich Ihnen vom Ruhrgebiet zeichne, ist ein sehr subjektives. Es ist ein Bild, in dem Gustav und Alfried Krupp, Berthold Beitz und Fritz Thyssen nicht vorkommen. Sagen wir, es ist die Perspektive eines berufsjugendlichen Mittvierzigers mit journalistischem Background, der in Langendreer und auf dem Riemker Tippelsberg aufwuchs und in seiner Schulzeit neun Jahre lang von Herne aus durch U-Bahn-Baustellen zur Goethe-Schule nach Bochum fuhr. Der der Erste in einer Familie kleiner Angestellter war, der studieren durfte. Der das dann 33 Semester lang ganz gerne gemacht hat, ohne Abschluss natürlich. Und seinem Amerikanistik-Professor David Galloway noch immer von Herzen dankbar ist. Der seine Semesterferien im Wittener Edelstahlwerk verbrachte und nebenbei fünf Jahre Taxi in Herne fuhr. Für den es spannender war, schlecht-, unter- oder gar nicht bezahlter Musikredakteur des dienstältesten Stadtmagazins im Ruhrgebiet zu sein, als endlich etwas Anständiges zu arbeiten. Der in der führenden Rockdisse des Ruhrgebiets, im Bochumer Logo, arbeitete, Bücher über Jugendmarketing schrieb und sich mit einer Medienagentur selbständig machte. Der heute Restaurantführer für Essen und Dortmund verantwortet, mal wieder an seinem VfL verzweifelt und längst einen Roman hätte schreiben sollen. Der ein bisschen zu viel trinkt. Aber das tun ja alle im Ruhrgebiet. Und der Ihnen nun endlich etwas über seine wunderbare Heimat erzählen will. Viel Vergnügen dabei.

Elf Freunde (1): »Wo, bitte, geht's zum Eierberch?«

Mein Ruhrgebiet früher: Aufgewachsen bin ich an einer viel befahrenen Hauptverkehrsstraße, der Alleestraße. Gleich neben unserem Haus war der Kundenparkplatz des Kaufhauses Wertheim, obwohl das nochmal ein paar Hundert Meter entfernt war. Ging man über den Parkplatz bis ganz nach hinten durch, kam man in eine Gegend, die »Gurke« genannt wurde oder auch »Eierberg«. Andere sagen »Rotlichtbezirk« oder auch »Puff«. Rätselhafterweise wurde ich schon im zarten Alter von acht Jahren aus am Straßenrand entlangrollenden Autos gefragt: »Ey, kannze mir sagen wie ich au'm Eierberch komm?« Habe ich schon damals diese animalische Erotik ausgestrahlt, die ich mir selbst heute nachsage?

Mein Ruhrgebiet heute: Obwohl ich finde, dass gerade »das viele Grün« im Ruhrgebiet krass überschätzt wird, stehe ich doch gern mit meinen Söhnen am Ruderteich des Stadtparks, werfe mit schimmeligem Brot nach ausgehungerten Enten und sage: »Guck mal, wie schön die Laternen durch die nackten Zweige leuchten«, während der Ältere einfach nur stolz ist, wenn er wieder ein Tier mit einem harten, trockenen Kanten am Kopf getroffen hat. Das ist schön. Was nicht schön ist: Kaum habe ich mir eine Dauerkarte zugelegt, spielt der VfL Bochum wieder so wie in der Zeit, als meine Eltern sich Sorgen wegen meiner sexuellen Orientierung machten, weil ich für Ata Lameck und Jupp Tenhagen schwärmte. Aber das ist bestimmt schon überholt, wenn dieses Buch erscheint.

Frank Goosen, 38, Erfolgsautor (»Liegen lernen«), Bochum

1. Warum es uns so schwer fällt, Städter zu sein

»Supi«, jubelt die Endverbraucherin, »jetzt müssen hier nur noch Aldi und Lidl aufmachen, dann sind wir eine richtige Stadt!« So geschehen und von den Ruhr Nachrichten kolportiert im August 2004. Anlass der konsumbesoffenen Freude ist die Eröffnung einer Saturn-Filiale in Dortmund-Eving. Die Vorhut der Geizgeilen hat sich tatsächlich schon morgens um halb sechs vor den Türen des Unterhaltungsschrotthändlers angekettet, um sich nur ja nicht das annoncierte Elektro-Schnäppchen mit integrierter 2D-HCL-360°-Schnittstelle und aufblasbarem Plasma-Turbo entgehen zu lassen. Braucht zwar niemand, haben aber alle. Der ganze Spuk wird von den Ruhr Nachrichten (RN) redaktionell begleitet; leider kommt kein Redakteur auf die Idee, die anwesende, mutmaßlich überwiegend arbeitslose Sozialhilfeempfängerschar als fehlernährtes Mutantenpack zu beschimpfen, seinen Job zu kündigen und als Gauleiter bei attac anzufangen.

Wenn der Ruhrgebietler den Begriff »Stadt« gerade nicht mit der Anhäufung preisaggressiver Discounter mit nutzlosem Sortiment verwechselt, hängt er gern Vorstellungen nach, die schon in der Wiederaufbauzeit unmodern waren. Zum umstrittenen neuen Bahnhofsprojekt »3do«, das einen futuristischen, mit einem Einkaufszentrum überdachten neuen Dortmunder Hauptbahnhof vorsieht (Bauzeit 2005–2008), schreibt ein Leser Anfang Juni 2004 den RN: »Wir brauchen keine Kulisse für Besucher aus Düsseldorf oder Berlin – ordentliche Toiletten, sauber und preiswert, eine Bratwurst und eine Zeitung: Das reicht doch völlig.«

Nein, das reicht eben nicht. Aber was ist hier schief gelaufen? Nun, die vergangenen gut 160 Jahre waren einfach zu kurz. Sorry. Sehen Sie, der Römer oder Athener stolziert mit dem Bewusstsein einer über 2000-jährigen Stadthistorie durch seine Polis. Was bedeuten da 160 Jahre? Selbst das vergleichsweise junge Berlin spielt seine Rolle seit dem späten 15., verstärkt seit dem späten 17. Jahrhundert – Zeit genug, sich in Sachen Weltläufigkeit zu üben. (Betonung liegt in Berlin natürlich auf »üben«.) Drehen wir aber die Ruhrpott-Zeit zurück auf 1840, landen wir in einer fast pastoralen Idylle. Lieblich schlängeln sich Ruhr und Emscher durch eine flache Auenlandschaft, Schäfer weiden ihre Herden, Flusskrebse sind das verbreitete Alltagsgericht. Machen wir uns nichts vor, es sind Kleinbauern, die hier leben, Handwerker, kleine Händler. Nicht die große weite Welt, beileibe nicht. Obwohl: Städte gibt es hier durchaus. Viele Städte, alte Städte. Recklinghausen etwa war um 800 ein karolingischer Königshof. Bochum, Herne, Dortmund, Duisburg wurden um 880 bis 890 erstmals erwähnt, meist in Dokumenten des Klosters Werden, das um 800 gegründet wurde. Duisburgs »Alter Markt« war schon im fünften Jahrhundert Handelszentrum. Karl der Große eroberte 775 erst die Syburg an der heutigen Stadtgrenze Dortmund-Hagen, dann ließ er den Hellweg bauen, die wichtige West-Ost-Achse und (Salz-)Handelsstraße. Dortmund erhielt 990 das Marktrecht, war 1220 Freie Reichs-, später auch Hansestadt. Essen: um 850 Gründung des Stifts Essen für Höhere Töchter, 1041 Marktrecht, 1244 Stadtrecht. Recklinghausen: Stadtrecht 1236, Bochum 1321. Und so weiter. Eine bunte, dezentral angelegte, spätmittelalterlich geprägte, kleinstädtische Landschaft, die sich vom Niederrhein bis zur Soester Börde und vom Vest bis ins Bergische Land erstreckt.

Auftritt Jörgen. Ein Hirtenbub. Der treibt um 1700 seine Schweine durch die Eicheln, irgendwo im Ruhrtal, auf heutigem Wittener Gebiet. »Mutt, Mutt«, ruft er die Sauen, und weil ihm kalt ist, entfacht er das legendäre Feuer im Muttental, von dem wir Kinder im Heimatkundeunterricht der Sechziger gelernt haben. Damals in der Grundschule an der Hiltroper Straße in Bochum-Riemke, bei strenger Trennung zwischen Evangelischen und Katholiken, und wehe, einer verirrte sich auf den fremden Schulhof.

Jörgen also begrenzt sein Feuer mit schwarzen Steinen und legt sich schlafen, und als die Brocken am nächsten Morgen immer noch glühen und Wärme abgeben, holt er seinen Vater... In den nächsten Jahrzehnten graben die Menschen nun nach der Kohle. In Witten und Sprockhövel kommen die Flöze an die Oberfläche, man muss nicht tief buddeln; später treibt man waagrechte Stollen in die Hänge. Mit Pferdefuhrwerken wird die Kohle über holprige Waldwege zu den Schmieden ins Bergische gefahren; das Schwarze Gold brennt viel heißer als die bisher verwendete Holzkohle.

Es wäre aber doch übertrieben, das alles bereits Bergbau zu nennen. Erst als Fachleute aus dem Erzbergbau den Stollenbau leiten, als die Ruhr schiffbar für Schlepper gemacht ist, als die Dampfmaschine das Bohren in die Tiefe ermöglicht, wo die qualitativ bessere

Kohle liegt, und die Eisenbahn den schnellen Transport auf kurzen Wegen zu den Eisenschmelzen garantiert, erst da ist die kritische Masse der Industrialisierung erreicht.

Gerade zehn Jahre hat es gedauert, bis sich alles verändert hat. Buchstäblich alles. Innerhalb nicht einmal einer halben Generation ist die Welt explodiert. Nichts ist mehr, wie es vorher war. Wo sich Felder und Wälder erstreckten, stehen nun Hüttenwerke, Zechen, Fabriken. Schlote qualmen, es stinkt, es ist laut. Die Eisenbahnstrecke Köln–Minden erschließt das Gebiet ab Herbst 1847. Dass es heute etwa die Stadt Oberhausen gibt, ist dem Entrepreneur Franz Haniel zu verdanken, der den Schienenanschluss für seine Gutehoffnungshütte braucht. Um die Zugstation aus Fachwerk entsteht eine kleine Siedlung, das spätere Oberhausen. Die Einwohnerzahlen vervielfachen sich in kürzester Zeit, die Industrie hat Hunger und braucht viele Hände. Oberhausen verachtfacht seine Einwohnerzahl von etwa 5000 Menschen im Jahre 1860 auf über 40 000 zur Jahrhundertwende. 1910 ist sie noch einmal um das Doppelte gewachsen. Essen verhundertfacht seine Einwohnerzahl zwischen 1822 (4842) und 1925 (470 524). Die alte Hansestadt Dortmund, um 1300 schon einmal mit bis zu 15 000 Bewohnern neben Köln und Soest eine der größten Städte der Region, wächst zwischen den 1830ern und 1870 um das Siebenfache. Die dringend benötigten Arbeitskräfte werden in ganz Europa angeworben. Sie kommen aus Holland, Österreich und Russland. Sie werden von Werbern mit Plakaten aus Ostpreußen und Masuren gelockt. Mit dem Versprechen auf saubere Luft, ein Häuschen mit Keller, Ziegenstall und Gärtchen, Kanalisation und elektrisch beleuchtete Straßen. Hunderttausende kommen.

Was macht das mit den Menschen? Die heimischen Westfalen kennen ihre Welt nicht mehr. Der kleine Prumenkötter aus dem Ruhrtal, der sich und die Seinen in all den Jahrzehnten zuvor mit ein paar Stück Vieh, ein bisschen Kohlengräberei und Flussschifffahrt, mit gedörrten Birnen und Pflaumen (Prumen) aus dem Garten über den Winter gebracht hat, muss jetzt zum Schichtdienst. Entwurzelt! Neben ihm die fremden »Pollacken« mit ihren schwierigen Namen auf -czyk und -ski. Die haben aber ihrerseits auch ihre bäuerliche Heimat verloren, haben alles Vertraute hinter sich gelassen, reagieren mit Fassungslosigkeit auf die Zumutungen der neuen, ungesunden, gefährlichen Arbeit. Da heißt es zusammenrücken. Und das gemeinsam Erlebte, die schwere Arbeit, das Gefühl des kollektiven Verlustes, schweißt die vielen sich fremden Menschen zusammen. Das wirkt nach bis heute.

Ich muss noch schnell nach der Ziege sehen

Man muss sich das mal vorstellen: Das ist erst fünf Generationen her. Wer heute ein rüstiger Mittvierziger ist, dessen Großeltern sind knapp nach 1900 geboren. Die konnten dem kleinen Enkel ihrerseits noch von ihren Großeltern, vielleicht sogar von der eigenen Uroma erzählen. So nah liegt diese Zeit zurück. Zu nah, um in dieser kurzen Entwicklung »Städter« zu werden. Kratz also eine dünne Schicht vom Anzugträger auf der Kettwiger Straße ab und du findest einen Dörfler, der noch schnell nach seiner Ziege sehen will, und nicht den Metropolenbewohner, der zum nächsten Tässchen Cappuccino eilt. Das ist keineswegs despektierlich gemeint. Im Gegenteil, unsere mütterliche Herzlichkeit, die übrigens auch gestandene Männer vermitteln, bittet den Fremden und Hilflosen schnell an den Mittagstisch, weist ihm den Weg, behebt den Motorschaden hilfsbereit an Ort und Stelle, geizt nicht mit Ratschlag.

Der erste Eindruck mag vielleicht gelegentlich ruppig, misstrauisch, ablehnend sein. Es fehlt halt immer noch das Selbstbewusstsein, das andere deutsche Stämme im Laufe ihrer Geschichte entwickelt haben. Dafür haben wir die letzten 150 Jahre genutzt, uns eine neue Heimat zu erfinden. In den Jahren nach der Industrialisierung und in den Jahren nach den zerstörenden Kriegen, immer war es das Ruhrgebiet, das als Entwicklungsmotor des ganzen Landes gebraucht wurde. Und die Menschen hier? Haben die gewaltige, übermenschliche Schwerindustrie-Kulisse als Landschaft verstanden und sich in ihr eingerichtet. Wie der Friese seinen Leuchtturm, wie der Bayer seine Gipfelsilhouette, so haben wir uns bis in die 1960er Jahre hinein den Anblick unserer Kühltürme und Gasometer zum Wohnzimmer gemacht. Und uns in ihrem Schatten unsere kleinbürgerlichen Paradiese geschaffen. Mehr als das kleine Arbeiterglück ging ja nicht; schließlich hatte uns Kaiser Wilhelm keine weiterführenden Schulen erlaubt – wir sollten hier lieber Kanonen gießen.

Nach der Schicht und am freien Sonntag taten wir also das, was der Ruhrgebietler angeblich heute noch tut. Wir züchteten Brieftauben und nannten sie Kröpper. Wir hatten einen Schrebergarten, in dem Bohnen, Porree und Kartoffeln wuchsen. Einen kleinen Flecken Rasen unter dem krummen Apfelbaum für den Liegestuhl mit dem gestreiften Stoff gab es auch. Im Garten hinter dem Zechenhaus meiner Großeltern. Oder die Picknickdecke wurde am Rhein-Herne-Kanal ausgebreitet, und die Kinder sprangen von den Brücken ins Wasser und ließen sich von den Schleppern mitziehen. Wir spielten Fußball auf dem Aschenplatz und nannten unsere Besten »Knappen«. Wenn wir von der Maloche kamen, aus dem Stahlwerk oder vom Pütt, spülten wir uns in der Eckkneipe den Staub mit Dortmunder Arbeiter-Bier runter. Kein Abend ohne DAB. Als

Bochumer Junge wusste ich genau zwei deutsche Gedichte schon vor der Schulzeit auswendig: »Schon das Kindlein in der Wiege / Kennt das Bier von Moritz Fiege«. Und: »Mach es dir zur Lebensregel / Jeden Abend drei, vier Schlegel«. Und am Samstag wurde das Auto gewaschen. Von der ganzen Familie. Bis die Karre glänzte.

Heimat war, wenn man in den Sechzigern aus dem Italienurlaub heimkehrte, und dort, wo es nach faulen Eiern stank, war man zu Hause. Heimat war, Klümpchen an der Bude zu kaufen und mit verschwitzten Fingern seinen Tacken oder Fuchs (10 oder 50 Pfennig) durch das Schiebefenster zu reichen. Heimat war, erzählt meine Mutter, der Schichtwechsel auf der Zeche, wenn rußgeschwärzte Kumpel mit blau karierten Handtüchern um halb drei die Straße entlanggingen. Heimat war viel Staub auf der Fensterbank, die Wäsche voller Ruß. Leise sein im Zechenhaus der Großeltern, wenn Herr Sebold von unten Nachtschicht hatte. Heimat war der winterliche Wasserdampfatem aus den Kühltürmen von Robert Müser in Harpen. Sah aus wie eine Mordsportion Sahne auf dem Eishörnchen eines Riesen. Der verschiedenfarbene Rauch aus den Schornsteinen, das verbotene Balancieren auf den Abwärmepipelines. Der Blick vom Bochumer Tippelsberg auf den Bochumer Verein, auf Herne, auf die Stichflammen, wenn abgefackelt wurde. Oder die erste Currywurst aus dem Imbiss, mit der Schere geschnitten.

Die Fronleichnamprozessionen durch Gerthe, die Ladentreppen am Gerther Markt blumengeschmückt. Mit der Straßenbahn raus in die Haardt, durch Recklinghausen bis Sinsen. Oder an die Ruhr. Die ersten italienischen Eisdielen waren Heimat. Kleine Gemüseläden, kleine Metzgereien und Bäckereien. Dass man zur Bäckerin »Tante« sagte; dass man die alten Läden noch Jahre nach einem Besitzerwechsel beim vertrauten früheren Namen nannte. Die polnischen und schlesischen Nachbarn waren Heimat. Dass die das Leben anders wahrnahmen als die eingeborenen Ruhrgebietler. Als eine Nachbarin in den frühen Sechzigern eine Fehlgeburt erlitt, wir wohnten in Langendreer, ich war vier Jahre alt und weiß es bis heute, war der lakonische Kommentar der Polin aus dem Erdgeschoss: »Noh, Scheijß drauf, jiebt Neies!«

Und irgendwann, als sich alle miteinander eingerichtet hatten; als man sich auch an Giovanni und Luis, an Salvatore, Demis und Ali gewöhnt hatte; als Joana, Pilar und Ayse ihren Männern folgten; als vereinzelt türkische Namen in den Mitgliederlisten der Schrebergärten auftauchten oder sich als Taubenzüchter versuchten … brach auch diese Welt wieder zusammen wie schon ein gutes Jahrhundert zuvor. Denn da starben die Zechen, die Kohle war abgebaut, was noch da unten lag, lag zu tief, zu teuer. Und auf das Zechensterben folgte das Sterben der Stahlwerke. Schornsteine wurden gesprengt, Fördertürme abgerissen, Hochöfen geschleift. Und wieder Entwurzelung. Italiener, Griechen, Spanier, Türken genauso arbeitslos wie die Deutschen und Polen. Die Heimat erneut verloren.

Elf Freunde (2): »Vom Punk 'ne Kippe schnorren«

Dreimal Bochum-Wattenscheider Vergangenheit: Wie wir mit der Grundschulklasse zur Sprengung der Zeche Zentral durften. Auf dem Gelände entstanden später der Agros-Großmarkt und der Sportplatz von Grün-Weiß Heide 61, wo ich in der E-Jugend gespielt hab. Dann: Mit dem Vadder am Sonntagabend 'ne »Türkische« mit Pommes-Mayo essen. Keine Ahnung, warum diese Currywurst so hieß, es war jedenfalls in der Pommesbude von Kurt Kotzlowski, wo heute der Dreisterne-»Profigrill« ist. Der alte Kurt war Ex-Opelaner und Wattenscheid 09-Fan, hatte eine obergroße Lemmy-Motörhead-Warze im Gesicht und war dreimal verwitwet. Und schließlich: Wie ich mit 16 in der besetzten

BO-Fabrik einen Punk um ’ne Kippe angeschnorrt habe, der hatte aber keine und gab mir seinen Batavia-Tabak, und ich hatte eine Heidenangst, dass da Drogen drin waren. So gut wirkten Muttis Droh-Arien.

Im heutigen Ruhrgebiet sind wir wertkonservativ, aber keine Kulturpessimisten. Deshalb gefällt mir die Szenerie so gut, wie ich als Veranstalter die Band Calexico im Duisburger Landschaftspark auftreten ließ. Diese Kalifornier spielten in der alten Gießhalle ihre wunderbare Gitarren-Mariachi-Musik, genau an der Stelle, wo früher der glühende Stahl abgestochen wurde. Und das bei 12 Grad im Juni, im strömenden Regen!

Jörg »Zappo« Zboralski, 38, Künstler, Galerist und Veranstalter, Duisburg

2. Der letzte Schrei: Boulevards in jeder Stadt

Herne hatte den ersten. Bochum seiner ist fast feddich. Recklinghausen ist kräftig dabei: Boulevard heißt das Zauberwort der Zeit. Boulevard? Moment mal, das ist doch ein Begriff aus jenen untergegangenen Tagen, da Walter Benjamin mit einer Schildkröte an der Leine flanieren ging; ein Wort, das städtisches Lebensgefühl auf den Punkt bringt wie kaum ein anderes. Und nun also Boulevards im Ruhrgebiet, das sich seine Urbanität so mühsam erarbeiten musste?

Ausgerechnet in Herne damit anzufangen, war immerhin eine recht gute Idee; die im Krieg unzerstörte Bahnhofstraße mit ihren hübschen Gründerzeithäusern wurde noch bis weit in die Sechziger »Goldene

Meile« genannt und war Ziel so mancher Einkaufstour zu Fuß oder mit der Straßenbahn. Im Kubrick-Jahr 2001 war es, da wurde die längst in eine Fußgängerzone verwandelte Bahnhofstraße unter großem Trara zum Boulevard umgetauft. Ich habe meine Jugend und jungen Erwachsenenjahre in Herne verbracht und selbst einmal auf der Bahnhofstraße gewohnt: im dritten Stock einer Taek-Wan-Do-Sportschule gegenüber von Karstadt, auf 300 umgebauten Quadratmetern. Mein Musik- und Arbeitszimmer war ein braun gefliester ehemaliger Dusch- und Umkleideraum, im Schlafzimmer gab es ein altes, geschwungenes Friseurwaschbecken und eine fossile schwenkbare Trockenhaube aus beigem Kunststoff. Mein Mitbewohner lebte in der 15 mal sieben Meter großen Turnhalle mit Sprossenwänden, an denen seine Anzüge hingen.

Ich kann Ihnen genau sagen, wie die Bahnhofstraße in den späten Siebzigern und mittleren Achtzigern aussah: schlimm nämlich. Plattenbauten mit diesen schrecklichen Fake-Schiefer-Verkleidungen in verschiedenen Nicht-Schiefer-Farben; grässliche Laden-»Pavillons« mitten auf der eigentlich doch recht imposanten, breiten Straße, die jegliche Sicht verstellten und über die es monatelange Leserbriefdiskussionen in der lokalen Westdeutschen Allgemeinen Zeitung (WAZ) gab; dazu eine piefige Möblierung mit Straßenlaternen, Kugelbrunnen und Papierkörben in den froschgrünen und orangen Farben der Siebziger. Das Grundstück, auf dem später C&A gebaut wurde, galt einmal als teuerstes unbebautes City-Grundstück Deutschlands, wenn nicht des bekannten Universums. Immerhin standen dort schon 1973 die ersten Altglascontainer, die ich je zu Gesicht bekommen habe.

Das Herner City-Center aus den frühen Siebzigern war eins der ersten seiner Art, leider sind diese grausamen Waschbetonfassaden, Chrom- und Glas-Modernismen und glänzenden Wasserspiele so unglaublich schnell unansehnlich und altmodisch geworden, dass das ganze Ensemble schon zehn, zwölf Jahre nach seiner Eröffnung besser hätte abgerissen werden sollen. Es steht aber immer noch. Herne war damals wirklich auf dem besten Wege, eine sterbende Stadt mit leer stehenden Fachgeschäften zu sein.

Noch bis tief in die Achtziger sahen unsere Städte alle so aus wie zusammengewürfelt. Gründerzeitbauten, Arbeitersiedlungen aus den Fünfzigern mit Aschentonnen vor der Haustür, schlimme Bausünden der Siebziger in uniformen Fußgängerzonen, verblendete Kaufhaus-Fassaden, Gewerbewucherungen, Autobahnen, Parks, insgesamt zu wenig Sichtachsen, kaum große Plätze, und wenn, dann waren sie leer wie der Kennedyplatz in Essen oder der Hansaplatz in Dortmund, alles eng.

»Hübsch hässlich habt ihr's hier«, sagte der Essener Hoteliersohn Heinz Rühmann in einem seiner Filme. Das traf es genau. Ein Ort, ohne Folklore zu sein. Und doch war man hier zu Hause. Wer wegging, konnte sich nie von seiner Herkunft lösen. Das Gebrochene, das halb Entwurzelte und halb Bodenständige, nahm man mit in die Welt. Sogar die Gastarbeiter hatten Heimweh nach diesem Gefühl. Durch die Zeitungen ging die Geschichte von einem der ersten portugiesischen Arbeiter, der mit etlichen anderen in den Sechzigern nach langer Zugfahrt hier ankam und am Bahnhof mit Fähnchen und Reden empfangen wurde. Als er arbeitslos wurde, ging er zurück nach Portugal. Nicht für lange. Längst wohnt er wieder in der lebendigen Dortmunder Nordstadt, wo sich die spanischen und portugiesischen Kneipen knubbeln. Im Ruhrgebiet studieren seine Kinder, hier liegt seine Frau begraben. »Was soll ich in Portugal?«

Von einer pulsierenden Metropole kann im Herner Fall auch heute keine Rede sein. Wie sagte schon die Omma gerne: »Man kann aus einem Schrubbtuch keine Gardisette-Gardine machen.« Aber allein die Behauptung, die Bahnhofstraße sei ein Boulevard, hat self-fulfilling-prophecy-artige Kräfte freigesetzt. Es lässt sich dort wirklich nett auf gut einem Kilometer zwischen Kreuzkirche und Bahnhofsbrücke herumpromenieren, am Marktplatz gibt es moderne, loungige Caférestaurants, die mein ehemaliger Klassenkamerad Peter Kamp eröffnet hat. Und der Herner als solcher hat es nicht mehr unbedingt nötig, wie früher noch an jedem Wochenende nach Bochum zu fahren, zu Hause hat er's auch gut. An eben jener genannten Bahnhofsbrücke lässt sich übrigens ein neuer Geist ablesen: Die dunkle, ungemütliche Unterführung mit ihren Schmierereien ist einem transparenten, gut beleuchteten und sauberen Durchgang zum schmucken Bahnhof gewichen; die Geschäfte hier sind alle in türkischer Hand und machen einen gepflegten, soliden Eindruck.

Sprengt die Stadtbadgalerie

Ähnlich verhält es sich in Bochum: Die Massenbergstraße steht kurz vor ihrer endgültigen Eröffnung als Boulevard. Schon in den letzten Jahren hat man den breiten Mittelstreifen vor der neuen Stadtbadgalerie gern bei Weinfesten und für einen Ausläufer des Weihnachtsmarktes genutzt. Und im Winter wird hier immer die Eislaufbahn aufgebaut. Zwei dort angesiedelte eher fragwürdige Errungenschaften, nämlich die Sparkassengalerie und eben die billig wirkende Stadtbadgalerie, für die das stadthistorisch wichtige Nachkriegsschwimmbad weichen musste, sind bei ihrem Versuch, urbanes Leben zu s(t)imulieren, grandios gescheitert. Zwei überflüssige, langweilige und mausetote Gebäude aus der Zeit der New Economy; sie werden die Ersten sein, die wir sprengen, wenn die Revolution kommt.

Urbanes Leben im Ruhrgebiet spielt sich »in echt« an Orten ab, auf die man beim ersten Nachdenken gar nicht kommt. Es sind möglicherweise Orte, über die ein alt-internationaler Profistädter die Nase rümpfen würde: die Stehtische der Bäckerei Kamps im Souterrain des City Point zum Beispiel. Die gut sortierte Weinstube ebendort, die schon mittags enorm frequentiert ist und gegen Feierabend um 20 Uhr aus allen Nähten platzt. Oder all diese künstlichen Fressmeilen im Oberhausener CentrO, im Rhein-Ruhr-Zentrum in Mülheim oder im RuhrPark zwischen Bochum und Dortmund, wo sich das Volk in den »Cola-Oasen« nur so drängelt. Nicht zu vergessen die Heerscharen, die sich morgens um halb zehn bei IKEA zum preiswerten Frühstück treffen und keineswegs an Bonde und Billy interessiert sind. Da bricht der alte Ruhrgebietler von 1840 wieder durch, der sich auf Marktplätzen schart und den Wochentratsch austauscht. Sehr sympathisch, finde ich, und durchaus ein lukratives Geschäft: Schafft ein angenehmes, nicht zu überkandideltes Ambiente, am besten mit einer Verbindung zur idealisierten Vergangenheit, und das Geld fließt. Zuletzt so geschehen beim Dortmunder Hansemarkt im Herbst 2004: Bis zu 15 000 Besucher drängelten sich zwischen Holzbuden, in denen zünftig gekleidete Handwerker Würste siedeten, Aale räucherten, Kerzen aus Bienenwachs zogen und Stoffe webten.

Für den Alltag reicht aber auch einfach die nächste Tchibo-Filiale. Ich weiß nicht, was hier den Spirit ausmacht, aber Tchibo und Eduscho sind im Ruhrgebiet seit den Siebzigern eine Legende. In Mülheim traf sich

Helge Schneider mit seinen komischen Kumpels beim billigen Kaffee und bildete die Keimzelle eines einheimischen Jazz-Freibeutertums. In Herne war bis fast in unsere Tage hinein samstags um 12 Uhr die Bahnhofstraße schwarz vor Schülern, zauseligen Musikern und »Alternativen«. Ich kann mich noch an einen Arbeiterdichter namens Karl erinnern, der mir durch eine weiße Haarsträhne, seinen ewigen Parka und lausig-engagierte Lyrik präsent blieb. Aber das war die gleiche Zeit – tiefste Siebziger! –, in der sich der spätere Schauspieler Joachim Król noch in den staubigen Sesseln des linken Club Courage im Hinterhof der Bäckerei Neumann auf der Bochumer Straße lümmelte, also Schwamm drüber.

Was bedeutet es aber, wenn zurzeit auch in Recklinghausen ein Boulevard entsteht, der bis 2006 den gesamten Wallring um die historische Altstadt einnehmen wird? Recklinghausen verzeichnet nach der Schließung des Bergwerkes General Blumenthal im Jahr 2002 eine der höchsten Arbeitslosenzahlen im wahrlich nicht vollbeschäftigten Ruhrgebiet. Und dennoch wird man beim Gang durch das wirklich schmucke Städtchen nicht an Hartz IV denken müssen. Zwar steht am Markt vor Karstadt auch mal ein armer Mensch mit Sammeldose und singt irgendetwas Schiefes, aber es gibt eben auch eine Menge inhabergeführten Einzelhandel, überraschend viele Wein- und Feinkostgeschäfte, hübsche Lädchen für Geschenkartikel und teure Füllfederhalter

– und direkt daneben, auch im prächtigen Fachwerkbau, die Ansammlung überflüssigster Ein-Euro-Artikel in billigen Verkaufsgondeln. Das ganze Löhrhof-Center (das Pendant zum Herner City-Center) besteht aus solchen Schnäppchenmärkten.

Kaum 300 Meter entfernt prunkt jedoch das prächtig renovierte Parkhotel Engelsburg in einem 300-jährigen historischen Gebäude; nicht nur die wunderschöne Turmsuite auf drei Ebenen hält dem Vergleich mit der europäischen Spitzenklasse stand. Es gibt ein gepflegtes, behutsam modernisiertes gutbürgerliches Café Sternemann für die besseren Schichten, in dem wir schon als Kinder nach dem Sonntagsspaziergang in der nahen Haardt mit feistem Kakao abgefüllt wurden. Und es gibt den Pferdemetzger Hobbolt hinter einer Altbaufassade aus schwarz glänzenden rechteckigen Fliesen, wie man sie in den späten Fünfzigern verwendete: Links ist die Metzgerei mit einer appetitlichen Auslage voller Würste und Sauerbraten vom Pferd, und rechts eine urige Gaststube mit knarzigem Gestühl und Fohlenbraten mit Rotkohl zum Mittagstisch. Ganz preiswert, und das ganze Viertel riecht danach!

Es scheint also, als hätten wir uns im Ruhrgebiet in der postkapitalistischen Gleichzeitigkeit des Unvereinbaren ganz gemütlich eingerichtet. Wir leben in zwei oder mehr Geschwindigkeiten, kaufen hier Schnäppchen für einen Euro und zahlen dort ohne zu murren sieben Euro für ein Glas Grauburgunder. Hartz IV tangiert offenbar nicht unsere Boulevards. Geizgeilheit und Premiumbewusstsein bestimmen gleichzeitig unseren Alltag, und auf der Strecke bleiben die traditionellen Bediener der Mittelschicht, angeführt von Opel und Karstadt. Mit Ausnahmen: Der besser verdienende Städter fühlt sich zum Beispiel sehr wohl im Souterrain des Dortmunder Karstadt-Hauses, denn im dortigen Kulinarischen Treff findet er eine umfassende Weinauswahl samt Proseccobar, bekommt abgehangenes Fleisch vom Öko-Bison und 34 Sorten kalt gepresstes Olivenöl aus Südost-Kreta. Gern macht er es sich am Tresen des Fischrestaurants bei Seeteufelfilet auf Linsengemüse bequem und sieht den Köchinnen beim Grillen zu.

Es sind immer die gleichen Leute, die man hier trifft: feine Damen mit zu viel Schminke im Gesicht und mächtige Männer in dunklen Mänteln, lieber noch in der »Dortmunder Jacke«. Das ist die schwarze, glatte, gerade geschnittene Lederjacke, die in der restlichen Welt seit Jahren ausgestorben ist, jedoch in 7er-BMW fahrenden Kreisen Opa, Vater und Sohn unmodisch verbindet. Es sind dies aber nie Filmregisseure und Literaten, immer nur Gerüstbauunternehmer! Wenn diese Herrschaften aus dem Leckerland im Keller wieder emporsteigen auf den Westenhellweg, der zur Top 5 der umsatzstärksten Fußgängerzonen Deutschlands zählt, werden sie ein merkwürdiges Geschöpf sehen: ein sitzender Mensch vor einem Keyboard, der eine Stirnmanschette um den Kopf geschnallt hat. Daran ist wie ein Hornissenrüssel ein Stöckchen befestigt, mit dem dieser Mensch mittels Kopfnicken seine Tastatur bearbeitet. Seine Musik ist mit nichts vergleichbar, was ich je gehört habe, aber der Anblick allein ist wie ein Bild von Hieronymus Bosch.

Neu: Designerpizza im Innenhafen

Keineswegs surreal mutet jedoch die Entwicklung an, die das urbane Ruhrgebiet vor allem in diesem Jahrtausend vollzogen hat. Sehen Sie, es gibt Massenphänomene wie das CentrO in Oberhausen-Neue Mitte, erbaut auf dem geschleiften Areal der Gutehoffnungshütte – die größte Shopping Mall Europas und vorrangiges Ziel unserer holländischen Nachbarn. Oder der RuhrPark in Bochum-Harpen, dito auf Industriegrund gebaut und mit seinen 40 Jahren das älteste Einkaufszentrum Deutschlands. Das flächenmäßig größte übrigens auch. Solche Beispiele sind zwar beeindruckend, machen aber beileibe noch kein urbanes Leben aus.

Auf der anderen Seite steht das Ruhrgebiet als »Kulturgebiet«. Aber auch hier bedeuten die immensen Besucherzahlen unserer Museen und Theater, die dezentral in der »Jahrhunderthalle« oder auf »Zollverein« stattfindende und hochkarätig besetzte RuhrTriennale oder die Ernennung Essens zur das gesamte Ruhrgebiet vertretenden Kandidatin für die »Kulturhauptstadt Europas 2010« zunächst einmal noch gar nichts. Denn was nützt es dem soeben von der Muse Geküssten, wenn er nach Vorstellungsschluss in der verwaisten Innenstadt keinen Wein mehr trinken und keine gute Nudel bekommen kann? Nach meinen Beobachtungen ist das großstädtische Lebensgefühl untrennbar mit der Entwicklung der hiesigen Gastronomie verbunden. Und die ist in jüngerer Zeit geradezu explodiert. Überteuerte Italo-Absteigen für Spesenritter gab es natürlich in den Achtzigern schon. Ich spreche hier aber von der Durchdringung des Ruhrgebiets mit einer angemessenen Gastronomie: Dass im Bochumer Bermuda-Dreieck seit den späten Achtzigern Tische und Stühle auf die Straße gestellt werden – auf dem Alten Markt oder der Kleppingstraße in Dortmund, durch die noch vor ein paar Jahren die Hoesch-Laster donnerten, seit den mittleren Neunzigern –, ist eine zwingende Voraussetzung für städtisches Leben. Möglich gemacht übrigens durch gezielte Entscheidungen der jeweiligen Ordnungsämter.

Aber besuchen Sie doch im Sommer einmal den Duisburger Innenhafen! Da reiht sich vor der Kulisse alter Handelskontorhäuser dicht an dicht eine beeindruckende Anzahl gut besuchter Kneipen und Restaurants. Der Ponton des niederrheinischen Altbierbrauers Diebels geht fast unter, so voll ist er. Es gibt allerlei recht ordentliche Bodega, Bolero und Mississippi genannte Systemgastronomien, und die Ruhrgebiets-Wurzeln bedienen sozusagen »über Bande« die Betreiber der Manabar. Die sind mit ihrem Mongolian Barbecue-Konzept »Mongo'S« enorm erfolgreich, haben hier aber die gute alte Ruhrgebiets-Pizza völlig neu interpretiert.

Locker 35 Jahre ist es ja her, dass die ersten italienischen Gastarbeiter ihre Pizzerien im Ruhrgebiet eröffneten, was die fast unüberschaubare Anzahl italienischer Restaurants erklärt, wie sie längst zum Stadtbild gehören. In der Manabar jedenfalls wird die eckige Pizza in einem Design-Ambiente serviert und mit Thai-Chicken auf Erdnusscreme oder mit Ziegenkäse und karamellisierten Knoblauchscheiben belegt. Es passt ins Bild, dass einer der Konzeptinhaber einen griechischen Namen trägt, und es war ebenso stimmig, dass der türkische Regisseur Fatih Akin 2002 die Geschichte der ersten Ruhrgebiets-Pizzeria »Solino« für das Kino erzählte.

Zu den neuen inszenierten Räumen, in denen sich der Ruhrgebietler eingerichtet hat, gehören zweifellos die entkernten Industriegebäude. Ein Restaurant wie das Casino Zollverein in Essen-Katernberg, das die Besucher des Weltkulturerbes kulinarisch verwöhnt, dürfte mit seiner kathedralengleichen Kulisse aus Schwerlastsäulen, feierlichen Leuchtern und überraschenden Sichtachsen zu den europaweit spektakulärsten Gastrotempeln gehören. Hier wird durchaus auch entschlackte Bergarbeiterküche angeboten, auf höchstem Niveau, versteht sich. Ob Alter Bahnhof Kettwig, Henrich's im ehemaligen Stahlwerk Henrichshütte in Hattingen, die Rohrmeisterei in Schwerte, der Pferdestall in der Dortmunder Zeche Zollern, das Hauptschalthaus im Duisburger Landschaftspark Nord oder Franky's im Wasserbahnhof Mülheim: Spannende Gastronomie in ehemaligen Werken und Fabriken kommt hier gut an und ist für Besucher immer wieder ein Erlebnis.

Daneben ist die Zahl weltstädtisch aufgemachter Lokale, in denen es sich urban fühlen und speisen lässt, mittlerweile gottlob Legion. Lorenz und raum.eins auf der feinen Rüttenscheider Straße in Essen, das Mezzo-Mezzo neben der Lichtburg, Livingroom und Caffè Zentral auf der teuren Bochumer Luisenstraße, das moderne Ganztagskonzept Rigoletto auf der Dortmunder Kleppingstraße oder das Stravinski im Konzerthaus: Lounge-Restaurants haben das Bild vom Ausgehen im Ruhrgebiet in den letzten fünf Jahren nachhaltig geprägt. Und auch auf der Ebene preiswerter studentischer Frischeküchen oder Szenebars herrscht nun wirklich kein Mangel: Das Rauschen in der Bochumer City-Nord oder das Sissikingkong am Dortmunder Hafen mögen hier stellvertretend genannt sein: Konzepte, in denen man aktuelle DJ-Musik, Cocktails und gutes frisches Essen gleichermaßen goutiert.

Absolut bei sich und zu Hause ist der Ruhrgebietler jedoch dann, wenn er ein kulinarisches Stadtfest besucht. Manche dieser Feste haben eine kleine Tradition und reichen ein Vierteljahrhundert zurück, knüpfen aber an eine verschüttete, viel ältere Tradition an. Das Dortmunder Pfefferpotthastfest auf dem Alten Markt etwa macht mich so richtig glücklich. Die alte westfälische Spezialität (eine Art weich gekochtes Gulasch mit Zwiebeln und Gürkchen) habe ich beim diesjährigen Anlass gleich bei fünf der teilnehmenden Häuser bestellt. Ob Eisenbarth oder Overkamp, ob Grube oder Holzknecht: Kein Pfefferpotthast schmeckte wie das andere, aber alle waren toll gewürzt und lecker! Beim jährlichen »à la carte« merkt man dann aber den Unterschied etwa zwischen Dortmund und Essen: »à la carte« findet 2005 schon zum 20. Mal statt, und noch immer ist das eine sommerliche Kraut-und-Rüben-Veranstaltung auf dem Hansamarkt, bei der die eine Hand nicht weiß, was die andere tut, bei der es grundsätzlich in Strömen gießt und das Publikum sich über Gerichte jenseits der 5 Euro aufregt. Typisch Westfalen, die sitzen auf ihrer Kohle. Kulinarischer Höhepunkt sind offenbar Omas Reibekuchen mit Lachs, jedenfalls wird das an jedem zweiten Stand angeboten.

Anders in Essen. »Essen ... verwöhnt« besteht zwar erst seit sechs Jahren, hat sich aber dank stringenter Marketing-Anstrengungen und strenger kulinarischer Spielregeln zur führenden und wohl auch vollsten Gourmetmeile Deutschlands gemausert. Legendär Diego Palermos (Trattoria Trüffel) halber Hummer für 8 Euro, ebenso legendär Henri Bachs Geschmorte Bäckchen vom Weideochsen zum selben Preis. Der

Mann ist übrigens Zwei-Sterne-Koch in der Résidence in Kettwig. Hier stehen die sternverdächtigen Knut Hannappel (Hannappel) und Heinz Furtmann (Kölner Hof) einträchtig nebeneinander, und gegenüber hat Rino Frattesi seine Trüffelgnocchi im Angebot, natürlich auch für 8 Euro. Frattesi ist Großmeister der italienischen Küche, einer von angeblich nur zwanzig weltweit, und sein La Grappa einer der bestbesprochenen Italo-Tempel nördlich der Alpen. Glauben Sie bloß nicht, da sieht es edel aus! Hölzerne Weinkistendeckel verrammeln seine Schaufenster, und innen regiert pompöser Kitsch. Behaupten jedenfalls Düsseldorferinnen.

Elf Freunde (3): »Straßen voller Menschen«

Ich habe noch die Kinderhaltung in den 50ern am eigenen Leib erfahren. Damals war das Ruhrgebiet ein Schwarz-Weiß-Foto: schwarze Autos, graue Anzüge, graue Straßen, weiße Autos, schwarze Steine, grauer Stahl. Und Straßenbahnen mit Seilzugklingel, die hintere Tür blieb offen, man konnte während der Fahrt hineinspringen. Die Gerüche der 50er: Pomade, Sonntagsbraten, 4711. Und die Straßen waren voller Menschen.

Die Innenstädte sind heute leer, die Kultstätten verwaist. Die Fußgängerzonen haben das Leben aus den Städten genommen. Ich will, dass die Leute wieder ein

Zuhause auf den Straßen der Stadt haben. Das Ruhrgebiet wird hoffentlich nie fertig.

Helge Schneider, 49, »korrekte, vollständige Berufsbezeichnung: Komiker, Komponist, Musiker, Buchautor, Drehbuchautor, Schauspieler, Regisseur, Musikclown«, Mülheim an der Ruhr

3. Der Mensch als solcher, oder: We »R« Family

Dreizehn lange Jahre musste ich im Wuppertaler Exil leben. Mann, ich hab gelitten wie'n Hund. Und auch wenn mich meine Arbeit fast täglich heim nach Bochum führte: Man verlernt doch die einfachsten Benimmregeln, die im Ruhrgebiet gelten. Da geh ich doch neulich samstags durch meine neue Stadt, Dortmund, es geht gegen Ende November, frisch aufgebaut grüßt die Guinness-Tanne auf dem Hansamarkt. Die kennen Sie doch? Fünfundvierzig Meter hoch, aus 1700 Rotfichten fachmännisch zusammengesetzt und seit Jahren immer wieder, tataa: der größte Weihnachtsbaum der Welt! Es ist also Adventszeit, meine erste in der Westfalenmetropole. Und das sollte doch genau jetzt mit einem Pilsbier gewürdigt werden.

Die urige Gastwirtschaft Zum Alten Markt ist brechend voll, es ist kurz vor dem Spiel BVB – Freiburg, Samstagseinkäufer haben es sich gemütlich gemacht und schmausen Deftiges, und dann komme ich. Die nette Tresenfrau hat eine ondulierte Blondfrisur wie eine explodierte Fellkopfstütze, und »Oh!«, plappere ich laut auf die Dame ein wie der Prinz von Zamunda, der seinen Nachbarn einen Guten Morgen wünscht, »oh, geben Sie mir doch bitte von dieser runden Backwerk-Spezialität aus der Vitrine, Salzkuchen genannt, in kühnem Schwunge bestreut mit Kümmel und grobem Salz und reich belegt mit durchgedrehtem, fein gewürzten Schweinefleisch und gehackten Zwiebeln. Dazu hätte ich gern eins dieser köstlichen Dortmunder Biere, aber in der kleinen Variante, zügig gezapft! Sieben Minuten lang will ja heute kein Mensch mehr auf sein Pils warten. Und zum Hinunterspülen einen klaren gebrannten Schnaps aus Westfalen, bitte!«

Jäh verstummen die Gespräche. Mienen versteinern, Totenstille. Der ausgestopfte Eber an der Wand verdreht seine blutunterlaufenen Augen. Eine Tür knarrt im Wind. Westfälische Nackenmuskeln straffen sich, auf der Empore wird ein Colt gespannt. Ich habe einen tödlichen Fehler gemacht. Mein Mund ist trocken. »Ha«, krächze ich fast unhörbar. »Ha ha. Ich meinte natürlich...«, und jetzt wieder laut und voller Zuversicht krähend: »Ain Mett, ain Durch, ain Korn!«

Tosend setzt die Musik wieder ein. Wildfremde Menschen liegen sich schluchzend in den Armen. Knarzige Oppas schlagen mir anerkennend auf die Schultern. Zutrauliche Dortmunder Jungfrauen herzen mich, ein Chor jubiliert. Ja, ja, jaa! Ich bin wieder daheim im geliebten Ruhrgebiet, aufgenommen in den Schoß der Familie. Danke, Doatmund, danke!

Ist Ihnen zu weit hergeholt, he? Aber genau so hat sich das zugetragen, also fast. Die Rührung, die Sen-ti-men-ta..., also wenn man sich heimlich kneifen muss, weil es wieder so schön ist, das ist Ruhrgebiet. Dagegen kann man sich gar nicht wehren, auch wenn dieses Gefühl so kitschig ist und man das alles gar nicht mehr lesen mag mit der Kumpel-Solidarität, und dass die komischen Ureinwohner hier mit Grubenlampen auf der Stirn geboren werden und den kleinen Leuten ein großes Herz zwischen Ruhr und Lippe schlägt.

Aber lesen Sie mal, wie das vor einem halben Jahrhundert war. Wenn die große alte Dame des Bochumer Schauspielhauses, die Film- und Theaterschauspielerin Tana Schanzara, eine gute Kollegin und enge Weggefährtin Jürgen von Mangers, die frühen 50er Jahre aufleben lässt, schwingt ein wenig Wehmut nach einer vergangenen Zeit mit. Eine Zeit, in der es mit dem Bus zum »Auswärtsgastspiel« etwa nach Duisburg ging und der Bus im Winter an Steigungen mit vereinten Kräften geschoben werden musste.

Tana und »Jülein« (so nennt sie von Manger noch heute) spielten zusammen am Theater in Gelsenkirchen. Gern erzählt sie, wie Jülein seine damalige Zimmerwirtin nachmachte, eine gestrenge alte Dame mit Thrombose. »Heute lach ich darüber nicht mehr mit meinen kaputten Hüften«, schmunzelt Tana, aber damals habe sie manchmal auf ihrem Zimmer Risipisi für ihre Freunde vom Ensemble gekocht, »und ich habe noch vor Augen, wie Jülein auf dem Bett lag, sich das Risipisi direkt aus dem Topf reinschaufelte und dabei Geschichten erzählte.« Auch an ihren gemeinsamen freien Tagen hatte die Schauspielerei nicht frei. Man stelle sich die Freunde vor – Jürgen von Manger war gerade Anfang dreißig – wie sie sonntagmorgens mit der Straßenbahn zur Ruhr fahren und Jülein einen Liliputaner namens Kläusken erfindet. Wie sie mit Kläusken sprechen, ihn an die Hand nehmen oder sich zu ihm hinunter beugen und mit ihm schimpfen, und wie der misstrauische Schaffner – Hunde sind in der Bahn verboten – besänftigt wird: »Nee, dat is kein Hund. Komm doch ma vor da, Kläusken, und sach dem Herrn guten Tach!« Das ist unser berüchtigter Pommesbudenhumor. Wobei mir einfällt: Ditsche, komm endlich heim! Dass das Fernsehen lügt, ist uns allen ja klar. Aber so dreist?! Da sendet der WDR (sic) die kühne Kultsendung »Ditsche – Das wirklich wahre Leben« und behauptet, der geniale Olli Dittrich stehe in einer Hamburger Pommesbude. Lachhaft. Ditsche ist einer von uns! Das sach ich euch jetzt.

Unsere Männer riechen nach Pitralon

Warum gibt es im Ruhrgebiet so viele »Originale«? Aus drei Gründen. Unser dröger, lakonischer, oft selbstironischer Humor erklärt sich aus dem westfälischen Erbgut und dem Arbeiterwortschatz, mit dem man im Lärm der Zechen, Stahlwerke und Fabrikhallen haushalten musste. Keine Zeit für elaborierte Codes.

Die Toleranz gegenüber Abweichlern von der Norm ist dagegen schlicht pragmatisch: Es gab einfach keine Norm und gibt sie bis heute nicht. Wo Menschen aus ganz Europa mit dem ihnen je eigenen bäuerlichen oder kleinbürgerlichen Hintergrund, mit den ihnen je eigenen Ansichten zu Familie, Ehre und Benimm zusammentrafen, einigte man sich notgedrungen auf die Grundwerte »Respekt« und »Arbeit«. Deshalb sind wir auch Schwulen gegenüber nicht unfreundlich, wenn wir sie auch eher kopfschüttelnd akzeptieren. Sagen wir: Wir pflegen einen tendenziell wertkonservativen Umgang mit Minderheiten und Exoten. Flatternde Hedonisten sind wir ganz sicher nicht. Eher latente Machos, die gern mit heiserer Stimme einen kernigen Spruch aus dem Dunkel der Handwerkskammer zum Besten geben: »Messer, Säge, Schwanz, die benutzt man ganz.«

Und die dritte Komponente? Hat mit Abgrenzung und Trotz zu tun. Bis weit in die Achtziger hinein trugen wir einen ausgewachsenen Minderwertigkeitskomplex mit uns herum. Wir sprachen zwar immer noch komisch, hatten jetzt aber Universitäten. Wir durften also mitreden – und wurden es prompt nicht müde, in die Welt zu krähen, dass wir im Ruhrgebiet auch ganz viele Theater und Museen haben wie die »richtigen« Metropolen. Dieses ständige Betonen des prinzipiellen Gleichseins, Auch-Könnens und Auch-Habens: Meine Güte, war das peinlich!

Erst als wir uns zu dem bekannten, was es nur im Pott gibt, nämlich eine kritische Mischung aus gigantischen Industriekulissen und verhaltensauffälligen Einwohnern, wurden wir bundesweit beachtet und gefeiert. Über unseren komischen Dat-und-Wat-Dialekt etwa hat sich ganz Deutschland verächtlich gemacht, bis Jürgen von Manger kam und uns eine sprachliche Identität gab. Es lief in den Sechzigern keine mir bekannte Familienfeier, ohne dass sein Tegtmeier aufgelegt wurde, der »Schwiegermuttermörder« oder die »Fahrprüfung«. Warum die Erwachsenen über ihn Tränen lachten, wussten wir nicht genau; wir hatten noch kein Gespür für ihr fieberndes Entsetzen über den Nestbeschmutzer, oder war es der Dünkel knapp aufgestiegener Mittelschichtler?

Was aber fanden wir Kinder komisch an diesen Schnurren? Dass der Mann so breit ruhrpöttisch sprach, wie es uns von Schule und Eltern untersagt wurde, machte ihn interessant. Dass er ein »einfacher Mann« war und liebenswert-naiv, wenn auch wohl ein bisschen dumm, machte ihn sympathisch und stellte ihn auf eine Stufe mit uns Kindern. Dass es in seiner Welt aber andere Erwachsene wie den Staatsanwalt oder den Fahrlehrer gab, die erkennbar in ihrer Ordnung gefangen waren und sich in seiner Unordnung verstrickten, machte ihn offenbar gefährlich. Den meisten Nachhall bewirkte allerdings ganz sicher sein kategorischer Imperativ: Mensch bleiben! Dieser Tegtmeier hat uns so beeindruckt, dass wir manchmal mit dem Fahrrad zu Jürgen von Mangers Bungalow am Herner Hölkeskampring gepilgert sind, leider war er selten zu Hause.

Wie ich den Ruhrgebietler heute sehe? So bodenständig und verstockt, so langmütig und weltoffen wie eh. Viele heutige Omas in ihren Omamänteln sehen genauso aus wie die Omas in den Omamänteln der Sechziger. Damals verband ich den Begriff »Zukunft« mit dem Wegsterben dieser alten grauen Frauen. Denkste. Ihre Töchter sehen genauso aus. Oder sind es etwa immer noch dieselben Omas? Werden ja immer älter.

Auf der Männerseite hat sich durchaus vereinzelt der Typ gehalten, der enge taubenblaue Anzüge mit breiten Revers trägt und am Sonntagvormittag mit dem Taxi zum Frühschoppen fährt. Er riecht nach Pitralon und sein Haar ist nass gescheitelt; früher hätte er allerdings einen Hut getragen. Als Kind der sechziger und siebziger Jahre dachte ich immer, diese karierten Jacketts und verwitterten Säufer-Physiognomien verschwänden irgendwann einmal. Sie sind immer noch da. Nur Einbeinige gibt's nicht mehr so viele.

Andere Schublade: unsere Reichen. Die wirklich Reichen mit dem ganz großen Geld – Mülheim an der Ruhr galt viele Jahre lang als Stadt mit der höchsten Milliardärsdichte Deutschlands – leben zurückgezogen und wirken völlig unscheinbar. Sie würden nie mit Scheinen um sich werfen. Okay, sie rollen nicht gerade ihre Autos mattschwarz, um in der Siedlung nicht aufzufallen. Aber so etwas bodenständig Ruhrgebietlerisches haben sie doch. Andere hingegen haben sich eine geliehene Fassade aufgebaut. Wo sie Reichtum zeigen wollen mit wehenden Trenchcoats und widerspenstigen Silberlocken, die Gattin sonnenbankverludert in Leopardenoptik oder erfolgreiche Ententuchfrau im Max Goldt'schen Sinne, da wirken sie durchschaubar und lächerlich, wie andernorts die gleichen Vögel auch. Es sind hier aber keine Filmleute, Bussi-Bussi-Adabeis oder echte Tycoons, sondern gestandene Mittelständler mit Moos. Stellen Sie die aber an den Tresen und füllen Sie die ordentlich ab, fangen die genauso zu singen an wie der Nachbar im sportiven Proleten-Look. Irgendwann und tief drin sind sie alle nur Manni.

Nächste Gattung: Die heutige Meinungsführerschaft der Mittdreißiger bis Endvierziger, so sie aus Medien und ehemaliger Subkultur stammt, ist heute ähnlich vertraut miteinander wie die untergegangene Generation der Kumpel und kleinen Arbeiter. Es ist oft der Typ des gekonnt verwahrlosten Intellektuellen, des Fußballkenners und Ex-Ohrringträgers. Das ist eine großartige Beobachtung meines Kumpels Zappo aus Duisburg, und der ist immerhin Künstler und Meisterschüler der Düsseldorfer Akademie: Die heutige Kulturelite im Ruhrgebiet, schwer pilsgeschädigt und gut abgehangen, erkennt sich gegenseitig an ihren leeren Löchern im Ohr. Denn Metall im Gesicht, gar ein Brauenpiercing, tragen ja nun wirklich nur noch die Asis. Wie dem auch sei, dieser Typus steht in einer beliebigen Stadt am Tresen, kommt schnell ins Gespräch und duzt sich grundsätzlich. Meine liebe Kollegin Heike aus Hagen, eine bekannte Art Directorin, behauptet gar: »Ich duze alle! Damit müssen die eben klarkommen.« In der Tat, Siezen tun nur Kinder (auch nur meistens) und suspekte Anzugträger der Generation Golf. Und Fremde natürlich. Wer aber dreimal an der gleichen Bude kauft, wird geduzt.

Die große Mehrheit der Ruhrgebietler ist genauso okay oder langweiliger Mainstream, hat die gleichen Visionen vom Leasingauto oder All-Inclusive-Urlaub wie der Rest der Republik. Wir gehen, falls vorhanden, zur Arbeit wie jeder in Deutschland, ziehen hübsche Schühchen an und schicken unsere Kinder zum Gymnasium. Trotzdem sind wir irgendwie anders: Wir werden vor allem als Klischee wahrgenommen und glauben womöglich manchmal selbst an dieses Bild. Nicht nur, dass alle Leute im Ruhrgebiet grundsätzlich so aussehen, als würden ihnen Aldi-Klamotten wie angegossen passen. Nicht nur, dass wir die Nachbarin »Tante« nennen, weil es wenig Fluktuation in der Zechensiedlung gibt und man sich über Generationen kennt. Wir definieren uns ja immer noch über unsere Dörfer und kommen zunächst einmal aus Sodingen, Weitmar, Rheinhausen, Buer-Hassel, Saarn, Frohnhausen, Hillerheide, Eisenheim und Hörde. Und erst dann aus Duisburg, Essen, Bochum, Dortmund.

Gesprochen wird gebeugtes Hochdeutsch mit polnisch-westfälisch-italo-türkischem Einschlag. Wir feiern Weihnachten und das Beschneidungsfest mit dem Kollegen Mehmet Ali und seiner Frau Zerah von nebenan, er repariert unser Auto, wir übersetzen ihm den Wisch von der Ausländerbehörde, und »Schejß Tierken, kennen kein Deitsch!«, schimpft bei uns in der

Siedlung nur die alte Spätaussiedlerin. Samstags treffen wir uns im Baumarkt, weil 26er-Knetmuffen im Angebot sind, und verwahren unsere Schätze in Kellern, Schuppen und Garagen. Wir sind Frickler, Sammler, Bastler und Bewahrer, weggeschmissen wird nix. In zwanzig Metern Anstandsabstand von der Bude, die wir Bude nennen, obwohl doch groß Trinkhalle drübersteht, trinken wir unser Export und labern Stuss. Wir haben schon immer SPD gewählt, und die Gräben zwischen den Generationen verlaufen höchstens zwischen Skat und Skaten, zwischen Grillen und Graffiti. Ansonsten bleiben wir Mensch und alles ist paletti, und wenn der Sommerabend kommt, summen wir gemeinsam den Klassiker »Summertime im Pott«:

Schrebbagaatn
Und dat Lehm is eimfach
Frosch am hüppen
Und der Kotten nah bei
Dein Vadder grillt
Unnti Mudder am kochen
Kein Hasch, lieber ’n Pilsken in
Dortmund-Kley

Buddha sagt zwar: »Das Gegenteil einer großen Wahrheit ist auch wahr.« Aber ich kann mir nicht helfen, die Klischees sind schon verdammt nah dran. Wie anders ist es zu erklären, dass Manfred Konieczny aus Dortmund-

Marten sich einen eigenen Stollen unter seinem Garten gebaut hat, komplett mit Balken und Grubenlampen? Warum halten die Hagener Schwestern Agnes und Gertrud Reffelmann den deutschen Mietrekord? Seit 1920 – geschlagene 85 Jahre – wohnen sie bereits in ihrer Mietwohnung. Wieso hat man unter 16000 NRW-Streifenpolizisten ausgerechnet Harry und Toto ausgesucht? Die beiden Bochumer sind längst TV-Kultstars, ihre Streife führt sie in die barock möblierten Wohnungen renitenter Malocher und in die Vorortviertel kleinkrimineller Verkehrssünder, aber wenn neben dem Bochumer Polizeipräsidium der nächtliche Förderturm über dem Bergbaumuseum leuchtet, wird alles, alles gut. Weshalb spielt Stoppok auf einem Benefizkonzert in der unglaublichen Essen-Rüttenscheider Eckkneipenlegende Ampütte, in der man bis morgens um vier noch astreine Suppen, Steaks und Schnitzel bekommen kann? Weil Günni Semmler tot ist. Günni Semmler, der skurrile Kauz mit dem Akkordeon, der nachts durch Essens Kneipen zog und sein Containerlied spielte, bis er rattendoll war. Für eine Beerdigung fehlte das Geld, deshalb das Konzert. Und wieso heißen Wirtinnen in Bahnhofsnähe immer Inge?

Natürlich hängt alles mit allem zusammen

Sehen Sie, es ist alles wahr, von den Sonderlingen über die kleinen Leute bis zur Solidarität. Es gibt eine Grundmelodie, einen bestimmten Tonfall, fast einen Code. Er liegt in der Mentalität der Leute vergraben und in ihrem Umgang mit der Sprache. Es ist das, was bei uns »von Hölzken auf Stöcksken kommen« heißt. Linguistisch vielleicht etwas vornehmer ausgedrückt: Man mäandert hier gern durch die generative Transformationsgrammatik wie glückliche Sonntagsausflügler auf einem verschlungenen Waldlehrpfad mit seltenen Blumen und auch mal einem Fitness-Schwebebalken neben dem Fichtenknüppelparcours. Heißt: Der Ruhrgebietler als solcher ist ein Mäandertaler. Dass alles mit allem zusammenhängt, wie es uns unwiderlegbar die Chaostheorie nahe gebracht hat, ist im Pott ein alter Hut. Selbstverständlich hängt alles mit allem zusammen. Aus genau dieser Einsicht und oben beschriebener Gemengelage nährt sich schließlich die heimische Comedy- und Kabarettszene, der wir unsere aktuelle Außendarstellung eher zu verdanken haben als RWE und Thyssen-Krupp.

Wunderbar beobachtete Charakterstudien, es ist alles dabei: Hinterm Klümpchentresen der Bude steht natürlich Atze Schröder. Getönte Pilotenbrille, gepflegte Minipli, nee, is klar. Er hat den Durchblick, er kennt die Welt, er war auf Mallorca. Vorne an der Pilsklappe meckert der verbiesterte Kleinrentner Herbert Knebel über die Rabauken in der Siedlung. Boah glaubse, er verkörpert das Opfer des Strukturwandels, seine Welt ist untergegangen. Willy Thomczyk gibt derweil den zotigen Proleten, der es sich mit Bratwurst, Bier und Badeschlappen am Kanalufer gemütlich gemacht hat. Entweder die Gewerkschaft handelt für ihn eine Lohnerhöhung aus, und wenn nicht, auch egal, Sozialamt zahlt doch. Fritz Eckenga, der in der Welt der Baumärkte zu Hause ist. Piet Klocke, der sich beim Sprung aus kleinbürgerlichen Verhältnissen in der intellektuellen Eloquenz der... wo doch die Akademiker bekanntlich... aber es stimmt doch auch, Herrschaften! Oder Frank Goosen, der in monatlichen Marabo-Kolumnen und immens erfolgreichen Büchern (in dieser Reihenfolge) über die Bochumer Alleestraße schreibt und wie man das Leben im Ruhrgebiet meistert, wenn man dort pophistorisch sozialisiert wurde. Unser Nick Hornby, nur dicker. Und mittendrin in all der Pracht sitzt ein kleiner Mann mit einer Fernbedienung in der Hand und lässt das Rolltor zu seinem Grundstück zufahren. Es steht aber noch ein Jaguar in der Einfahrt, mit Buddy Casino drin, egal. Auf und wieder ein Stückchen zu, und dann wieder auf. Helge Schneider hat Spaß. Die Szene ist jetzt einige Jahre her, unwahrer wird sie dadurch nicht. Mit seinen atmosphärischen Jazz-Heimatfilmen, die mehr über das wirkliche Leben im Ruhrgebiet erzählen als alle Merianhefte zusammen, mit seinen endlosen Geschichten, Krimis, Wusicals und Hörspielen, mit »Quatsch« also, hat der faule Mülheimer Schuleschwänzer einen Haufen Geld verdient. Bis auf ein paar Peugeots und komische Motorräder hat er alles in ein Wohnzimmer gesteckt, wie wir es uns alle exakt so einrichten würden, wenn wir bloß auch so faul wären wie Helge. Jukebox und Konferenztisch, Lotterbett und Schnapsvitrine, Perserteppich und Stereoanlage, Hutständer und Hubschrauberlandeplatz. Ein cooler Bürger des Ruhrgebiets.

Das war alles. So sind wir hier. Deshalb stehn wir anner Ecke anner Bude mit ner Fluppe, München und Hamburg sind uns völlig schnuppe. Ach hallo Missfits, singt doch bitte nochmal »Lieber auf'm Gasometer im Sturmesbrausen, und alles watte siehs is: Oberhausen…«

Elf Freunde (4): »Über uns die Schalker Fahne«

Weil meine jungen Eltern berufstätig waren, verbrachte ich den Sommer meist bei meinen Großeltern im Schrebergarten »Zur Erholung« am Krausen Bäumchen in Essen-Bergerhausen. Wir wohnten in dem kleinen Häuschen und ernteten allerhand Obst und Gemüse, über uns die gehisste Schalker Fahne. Und weil Opa Albert unternehmungslustig war, nahmen wir oft den Schnellbus zum Baldeneysee und fuhren mit der Weißen Flotte. Ich habe also meine Kindheit im Grünen verbracht.

Man selber checkt gar nicht so richtig, was sich seitdem verändert hat. Leute von außerhalb sind immer begeistert, dass in unseren Zechen tolle Clubs entstanden sind. Mir gefällt, dass wir in einer richtigen Metropole leben, die recht unspektakulär entstanden ist, und dass man hier mit einer Selbstverständlichkeit miteinander umgeht, egal zu welcher Klasse man gehört. Und dass man auf Schalke gehen und trotzdem Blumfeld hören kann.

Betsy Wohlgefahrt, 36, ehemalige Hardcore-DJane und Veranstalterin, heute Betreiberin der PR-Agentur Outbüro im TZU Oberhausen, Essen

Elf Freunde (5): »Die Partyleute sind die Avantgarde«

Ich war gerade 17, als ich in Hagen-Wehringhausen, DEM Szenepool sämtlicher popmusikalischer und politisch alternativer Bewegungen in Hagen, Nachhilfe von einer Mathematikstudentin bekam. Einmal saßen in ihrer Küche ein paar Nasen, die ich wohl vom Sehen kannte, aber nicht ihre Namen. Hi, ich bin Silke, und wer bist du? – »Ich bin Kai Hawaii, der Sänger von Extrabreit.« Das hat mich aber nicht so beeindruckt, und ihm war es peinlich, dass er so arrogant geantwortet hatte.

Dadurch, dass es Smag heute bundesweit gibt, komme ich in viele Großstädte. Mein Eindruck: Andere Metropolen wirken oft viel dörflicher als das Ruhrgebiet. Hier ist es viel unübersichtlicher, aber auch vielfältiger. Es fällt aber auf, dass sich die einzelnen Kulturszenen der Ruhrgebietsstädte oft gar nicht untereinander kennen. Mit Ausnahme der Clubszene: Die gleichen Partyleute treffen sich heute in Dortmund, morgen in Essen und nächste Woche in Düsseldorf. Das nenne ich zeitgemäß; alle anderen hinken da ziemlich hinterher.

Silke Disselkötter, 30+, Redakteurin des Essener Clublife-Magazins Smag, Witten

4. Mit Bus und Bahn im Dauerstau

Das Türkengirl im Fliederburnus / Steigt schimpfend in den Niederflurbus: »Warst du gestern Ladys Night?«, fragt die Verhüllte ihre Freundin im aufgebrachten Pidgindeutsch, und es folgt eine deutsch-türkische Tirade über den Türsteher der Disco, über Getränkepreise, schlechte Musik und doofe Typen.

Busfahren im Ruhrgebiet ist so dankbar, man fühlt sich glatt wie Luther, der dem Volk aufs Maul schaut. In Straßenbahnen, Bussen und S-Bahnen versammeln sich nämlich traditionell die berühmten fünf A: Arme, Alte, Ausländer, Auszubildende – und Asis. Was natürlich ein Vorurteil ist, denn »asi« sind wir hier alle ein bissken. Leute mit Alditüten, Leute in billigen Turnschuhen,

Leute mit tiefen Falten im Gesicht, Leute, denen man das tägliche Bier und die vielen Jakordia-Gedrehten ansieht.

Ich bin zu der sehr angenehmen und für mich beruhigenden Erkenntnis gekommen, dass man sich unter diesen normalen Leuten gegenseitig instinktiv vertraut und eine gemeinsame kommunikative Ebene bewohnt. Hier ist Zuhause, Mama. Jemand im teuren langen Kaschmirmantel mit Jackett und Krawatte, der erkennbar Anwalt oder sonst »etwas Besseres« ist, muss dagegen erst um Vertrauen buhlen; man will mit dem zunächst nichts zu tun haben, er gehört zur »anderen Welt«. Sehen Sie, unsere Universitäten sind ja erst in der zweiten Hälfte der Sechziger gegründet worden; wir hatten für den gelassenen Umgang mit Akademikern erst eine Generation Zeit. Jemand im teuren Zwirn muss sich in der Pommesbude erst mal mit Schaschliksoße bekleckern und entsprechend fluchen, oder am Tresen wie selbstverständlich »Machsema'n Pils« zum Zapfmaster sagen, dann wird man in der Runde anerkennend nicken und ihm bei Gelegenheit »Biss ja doch'n Töfften« attestieren.

Wie auch immer, man arrangiert sich untereinander. Zum Beispiel in der engen Straßenbahn. Abenteuerlich frisierte Punks heben bereitwillig Kinderwagen von Afrikanerinnen herein, Bürotussen im Kostümchen freuen sich giggelnd auf den nächsten Brückentag, soeben noch vorlaute Türkenjungs mit Gelfrisuren und

Handys im Dauergebrauch bieten höflich der Oma mit dem Krückmann einen Platz an, kleine blonde Kinder studieren neugierig die zwei abgerissenen Typen mit den fettigen Haaren und den klirrenden Pilsflaschen. Man liest die BILD-Schlagzeilen über die Schultern des Vordermannes, schimpft über Hartz IV und bespricht auf Polnisch die Sonderangebote vom Lidl. Es gibt Strecken und Uhrzeiten, da ist man der einzige deutsche Muttersprachler im Bus. Manchmal ist man vielleicht auch der Einzige mit halbwegs geregelter Arbeit. Wenn auch Bücherschreiben natürlich keine »richtige« Arbeit ist. Vor allem aber lehrt die tägliche Fahrt mit Bus und Bahn Demut. Demut gegenüber Wetter, Zeit und Mitmenschen. Was ist schon eine bequeme Solofahrt zur Arbeit, allein im Auto mit WDR 2, gegen den Geruch feuchter Novembermäntel in einem vollen Bus? Wenn man unterwegs noch regen Sozialkontakt mit Bäckerin, Zeitungsmann und Fahrkartenkontrolleur hatte...

Oder auf schönen grauen Nebenstrecken an den Hinterhöfen der Emscherstädte entlang, über Herne, Wanne-Eickel, Gelsenkirchen und Oberhausen. Übrigens Teil der historischen Köln-Mindener Strecke, die das Ruhrgebiet Ende der 1840er Jahre überhaupt erst erschloss. Spätestens in den 1980ern war die Strecke hoffnungslos verlottert, die zugigen »Silberpfeile« (sehr alte Wagen mit Blechverkleidung) über und über mit Graffiti besprüht, die Bahnhöfe schlimm heruntergekommen. Pissegeruch in den Tunnels. Auch hier wirkte die IBA Emscher Park Wunder; als eins ihrer wichtigsten Projekte wurden die genannten Bahnhöfe entkernt und renoviert. In Oberhausen, Wanne-Eickel und vor allem Herne kam wunderschöne alte Bausubstanz zum Vorschein. Heute sind das richtige Schmuckstücke mit bleiverglasten Fenstern, und die Leute nehmen die Strecke wieder an, weil sie sicher und sauber ist.

»Was uns verbindet« heißt ihr Werbeslogan, den ich 1999 als Gelegenheits-Werbetexter erfand und immerhin 3000 DM dafür einstrich. War ich stolz, als die großen Banner mit dem Spruch an den Bahnhöfen hingen! Nichts mache ich jedoch so gern wie auf der Hauptstrecke durchs Ruhrgebiet, der West-Ost-Achse von Duisburg über Mülheim, Essen, Bochum und Dortmund, oben in einem Doppeldecker-Regionalzug zu sitzen, im Westfalen-Express oder NRW-Express, und aus dem Fenster zu sehen. Und dabei eine liegen gebliebene zerfledderte Bildzeitung zu lesen und die Heinis vom Nebensitz zu belauschen, Gesichter Asiens zu studieren, Schicksale zu ergründen. Ob Sie es glauben oder nicht, an verregneten Sonntagen, wenn mir zu Hause die Decke auf den Kopf fällt, schnappe ich mir manchmal meine ZEIT oder das wunderbare Feuilleton der Frankfurter Allgemeinen Sonntagszeitung und verbringe den Nachmittag cruisend im Zug. Beim rund um die Uhr geöffneten Chinesenstand im Dortmunder Hauptbahnhof 'ne Dose Paderborner kaufen und dann einfach bis Düsseldorf dösen und lesen und durch tropfennasse

Scheiben sehen. Kurz an den Rhein, im Uerigen ein paar kleine Alt, und dann über Wuppertal, wo es eh meistens regnet und die Schwebebahn quietschend über die Wupper gondelt, und Hagen wieder zurück. Eine perfekte landeskundliche Rundreise! Wenn Sie die Anschlüsse kennen, die Züge pünktlich sind und Sie sich nicht weiter in Düsseldorf aufhalten wollen als nötig, schaffen Sie diese Tour in exakt 126 Minuten.

Wer reißt der toten Gans den Kopf ab?

Ich empfehle, während der Fahrt mit einer russischen Lomo aus dem Fenster zu knipsen und kühn verwackelte Bilder zu produzieren, es gibt eine Menge zu dokumentieren! Erst das Dortmunder »U«, das unter Denkmalschutz stehende Kerngebäude der alten Union-Brauerei. Es ist zurzeit noch von Abrisshaufen umgeben und soll in den nächsten Jahren als eins der Dortmunder Leuchtturmprojekte ein, äh, Kulturzentrum? Museum? irgendwas in der Art werden. Selbstverständlich ist das riesige »U« oben auf dem Dach mit Blattgold belegt, Bier war ja einmal eine Schlüsselindustrie und hat Dortmund zur größten Bierstadt Europas und zur zweitgrößten weltweit nach Milwaukee gemacht. Ist zwar vorbei, diese Zeit, aber richtig gutes Bier wird hier selbstverständlich immer noch gebraut: Brinkhoff's, Kronen, Hövel's, Thier und wie sie alle heißen. Darf ich kurz einflechten:

den Bierstreit im Jahre 2004. Das berühmte Dortmunder »Stößchen«, also das schnell gezapfte 0,1 Liter-Glas, war akut in Gefahr – weil die entsprechenden kleinen Gläser keinen Eichstrich hatten und damit gegen geltendes Recht verstießen. Mittlerweile, Sie können sich die Leserbriefseiten vorstellen, werden wieder Stößchen gezapft, nun natürlich mit Eichstrich. Als ob es nichts Wichtigeres gäbe.

Elf Minuten später die Bochumer Twin Towers... okay, eigentlich nur das Holiday Inn mit seinen geschätzten neun bis zwölf Stockwerken neben Richard Serras Terminal, aber in Bochum gibt's nun mal nix Höheres. Wattenscheid besteht aus Häuserwüste und flachem Hinterland, und das große gelbe M (»the big yellow tits of America«) am Ruhrschnellweg ist wohl der städtebauliche Höhepunkt dieser 1975 nach Bochum eingemeindeten Stadt, die sich allerdings einmal im Jahr am Rosenmontag mit ihrem »Sevinghauser Gänsereiten« recht pittoresk hervortut. Das ist ein höchst umstrittenes archaisches Ritual, bei dem ein Reiter versuchen muss, einer kopfüber an einem Seil aufgehängten toten Gans den eingeseiften Hals zu packen und ihr den Kopf abzureißen. Na, Schwamm drüber, kurz danach kommt Essen.

Essens Skyline als einzig wirklich großstädtische Kulisse des Ruhrgebiets mit dem Rathaus rechts, dem höchsten der Republik (was aber kein Qualitätsmerkmal ist!) und dem architektonisch sehr gelungenen neuen RWE-Turm links, dem höchsten Bürogebäude Nordrhein-Westfalens. Dazwischen ein paar markige Neon-Ausrufezeichen wie eine Hochhaus gewordene Entrepreneur-Geschichte des Ruhrgebiets, angeführt vom Meinungsmonopolisten WAZ. Der montägliche Sportteil der Westdeutschen Allgemeinen Zeitung dürfte jahrelang der Hauptgrund für den Erwerb des Blattes gewesen sein. Mittlerweile kann man aber auch den Politikteil lesen.

Mülheim, die Stadt der Milliardäre, Firmensitz von Feinkost Albrecht und Tengelmann, hat einen alten Hauptbahnhof in schnuckeligem Nachkriegsgrün, nebenan ein großes City-Center und auf der anderen Seite die Eppinghofer Straße mit einem Dutzend türkischer Lebensmittelläden. Zwischen Mülheim und Duisburg weiden Schäfer ihre Herden, die Ruhr fließt idyllisch durch die Ruhrwiesen, am Kreuz Kaiserberg ist Stau, in der Ferne sieht man Kühltürme und Kraftwerke, es ist wunderschön! Der Knick nach Süden, geduckt und niedlich die schmucken Reihenhäuser in endlosen Straßendorf-ähnlichen Siedlungen aus den Sixties, die in Höhe des Wedaustadions stehen.

Dann Düsseldorf, na ja. Das ist halt die Landeshauptstadt; man fährt da vielleicht mal hin, wenn man Essener ist, aber ansonsten haben wir damit nicht viel zu tun. Mit dem Rad am Rhein entlang bis Kappeshamm und vom Biergarten des Kanuvereins den Containerschiffen nach Rotterdam nachgeschaut, okay, das ist allerdings recht hübsch. Dann am südlichen Saum des Ruhrgebiets wieder zurück, durch die Felder bei Haan, Wuppertal im ewigen Schneematsch, Gevelsberg, der große Güterbahnhof in Hagen. Nach dem schönen Harkortsee bei Wetter an der Ruhr kommt Witten mit dem ehemaligen Thyssen-Edelstahlwerk direkt am Bahnhof. Hier habe ich meine Semesterferien in der Zurichterei bei Obermeister Fritz Allzeit verbracht. Nach der Frühschicht ging ich oft mit meinem bosnischen Kumpel Smail Joldic aus Jaice zu ihm nach Hause, wo seine Frau eingelegtes Gemüse und Ćevapčići auftischte. Was wohl aus Smail geworden ist? Ich habe immer noch die kleine Flasche dunklen Kräuterlikör, die er mir 1981 mit den Worten schenkte: »Öffne sie nie, dann bringt sie dir Glück.«

Für Ticket-2000-Besitzer ist die Rundreise natürlich kostenlos. Ticket 2000 ist der lieb gemeinte Versuch des heimischen Verkehrsverbundes Rhein-Ruhr (VRR), seine geschätzten 37 oder auch 62 kommunalen Bus- und Straßenbahnunternehmen, die meist den jeweiligen Stadtwerken gehören, unter einen Hut zu bringen. Jedes Unternehmen, es sind korrekt bloß 24, ist selbstverständlich nur für das jeweilige Stadtgebiet zuständig; dass eine Straßenbahn mal von Witten-Heven über Bochum bis nach Gelsenkirchen fährt, muss man während der Fahrt ausgiebig feiern. Ansonsten regiert Unkoordiniertness. Nichts ist aufeinander abgestimmt. Für eine Fahrt ausschließlich in Buslinien von, sagen wir,

Duisburg-Rheinhausen-Friemersheim bis Bergkamen-Oberaden oder von Velbert-Langenberg-Nordrath bis Recklinghausen-Hochlarmark kann der geneigte Autoverschmäher etwa die durchschnittliche Dauer der nordrhein-westfälischen Herbstferien einplanen. Der wahre Liebhaber wird jedoch nicht lange zögern: Es geht durch pittoreske Einwohnerschwundviertel, durch wie aufgeplatzt wirkende Gewerbegebiete mit ihren Autoteile-Unger-Werkstätten, Ikeas und Kentucky Fried Chickens, durch hübsche geschäftige Vororte mit familiengeführtem Einzelhandel. Zwischen den Städten führen Strecken immer wieder auch über Land, über alte Alleen parallel zu irgendeiner Autobahn, an begrünten Kohlenhalden und Kleingartenanlagen vorbei, an Äckern und Weiden. Näher kann man seinem Ruhrgebiet nicht kommen, man muss nur Augen und Ohren aufsperren und seinen »DAT- und WAT«-Recorder mitlaufen lassen.

»Also ich will nicht sagen, dass ich nicht vielleicht mal ›nicht‹ sage«, philosophiert es da in breiter Sprache vom Vordersitz, während sich hinter mir jemand im postverbalen Gestrüpp verheddert hat: »Also hörma, jetzt mal ehrlich, im Grunde genommen, also!« Ein nicht enden wollender Diskurs an jeder Bude, in jeder Supermarktschlange und besonders gern in jedem Bus. Es ist schon vorgekommen, dass eine Busgesellschaft gerädert am Zielort ausstieg, weil zwei studentische Tratschtanten im SB 37 vom immer zugigen Busbahnhof Sprockhövel-

Hasslinghausen bis zur Ruhr-Uni Bochum so detailliert wie ungeniert die Tücken ihrer Seminararbeit, Vor- und Nachteile ihres Dozenten und den Belag der Pausenbrote einer Kommilitonin diskutierten. Der Klassiker auf der Kurzstrecke inne Stadt ist natürlich das Kleinrentnerinnengemurmel, wie der Mann letzte Woche wieder schwer mitte Bronchien gelegen hat und wat mach'se heute, Spinat mit Ei und Kartoffeln, hmm. Das Ganze endet bei älteren deutschen Frauen unvermeidlich mit dem finalen, basta-gleichen »So.« Und zwar nicht »so« mit offenem, vorne im Mund gebildeten »o« wie in »Sonne«, sondern mit einem »o«, das von unten aus dem Hals kommt, manchmal sogar mit einem Heiser-Anteil, und das nach Trümmerfrau, Schmutz-von-den-Händen-Klopfen, nach Befriedigung, nach erledigter Arbeit klingt und danach, jetzt die Ärmel hochzukrempeln und das Nächste anzugehen. So mancher, der »So« sagt, hat im Kopf wahrscheinlich den fälligen Spruch seiner Omma aus der Siedlung: »›So‹ sacht man, wenn man wat geschafft hat.« Ältere, tendenziell verbitterte Männer schwallen in Bus und Bahn im Übrigen genauso viel, hier geht es aber vorzugsweise um Polletick und »die da oben« und dat'ses mit uns ja machen können. Jüngere Männer reden erstaunlicherweise fast mehr über Alufelgen, Downloads und eBay als über Fußball und Frauen, und wenn über Frauen, dann ebenfalls eher technisch, während Schulkinder ausschließlich über Dschungelcamps, Superstars und Handytöne fachsimpeln.

Richtig lieb haben die Leute besonders ihre Straßenbahnen. In Städten, in denen man sie abgeschafft hat, trauert man ihnen noch nach Jahren hinterher. Als die 305 in Bochum Ende der Achtziger ihre letzte Fahrt tat, standen die Menschen entlang der Herner Straße, winkten und fotografierten. Das war die Linie, mit der ich jahrelang von Herne nach Bochum zur Schule fuhr, ich kannte jedes Haus an der Strecke. Die U-Bahn-Baustellen haben mich und alle Bewohner der B 51 etwa 15 Jahre lang verfolgt, und dann ging's 1989 endlich unter die Erde: Die U 35 war bundesweit die erste U-Bahnlinie, die zwei Städte miteinander verband.

Auf Bochumer Gebiet gab man sich Mühe mit der Gestaltung seiner Stationen und brachte sie mit Umgebung oder Historie in Einklang. Waldring: weiß und hellgrün gekachelt, Bäumen nachempfunden. Oskar-Hoffmann-Straße: historische Fotos alter Straßenbahnen, weil hier das Depot der Bochum-Gelsenkirchener Straßenbahnen AG ansässig ist. Bochum Hauptbahnhof: hässlich. Bochum Rathaus: einige Luftaufnahmen von der Universität und Bauernhäusern im Grünen, einige Straßenszenen von der Kortumstraße in den Achtzigern. Deutsches Bergbaumuseum: der Star der Stationen mit toller Flöz-Gestaltung. Feldsieper Straße: rote Ziegel. Zeche Constantin: blau-weiße Kacheln und Fotos von der alten Zeche. Riemke Markt (ganz früher Riemke-

Kirche, nach 1975 Riemke-Mitte, woran man die Entwicklung von der Kirchengemeinde über die kommunale Eingemeindung hin zur Konsumgesellschaft ablesen kann): Ziegel, Obst und Gemüse. Rensingstraße: stiefmütterlich. Und dann kommen wir erkennbar nach Herne ... Berninghausstraße: orange Plastiksitze, öde grüne Kacheln. Hölkeskampring: beige und braune Kacheln. Siebziger-Design, Billigware, unglaublich! Undsoweiter. Erst die Endstelle Schloss Strünkede ist dann wieder nett eingerichtet. Insgesamt jedoch ist die U 35 eine flotte, freundliche, studentische Linie, die zu den Di-Mi-Do-Stoßzeiten enorme Mengen lesenden Akademikernachwuchs zur Ruhr-Uni transportiert.

Manchmal allerdings ist der Wurm drin. Dann knistert die Luft, man wittert schon beim Einsteigen Ärger. Zum Beispiel kommt man mit ethnischen Minderheiten ins Gespräch. Das geht so: Eine der letzten nächtlichen S-Bahnen der S-1 aus Düsseldorf Richtung Ruhrgebiet. Voll. Versprengte Partypeople, Jugendliche, die nach Hause müssen, viele Betrunkene. Mir schräg gegenüber ein Vierersitz mit Marokkanern, vier junge Männer, die sich angeregt unterhalten. Ich schaue über meine Zeitung und lächle sie an, einfach weil sie so gute Laune haben. Fehler! Der eine fixiert mich böse, ich sehe seine Augen und weiß, er ist zugekokst, dann hebt er herausfordernd das Kinn und sagt tatsächlich, als habe es Kaja Yanar nie gegeben: »Was kuckst du, bist du Schwuchtel oder was?« Steht dann auf, jetzt ernsthaft böse, und schreit mich an, ich soll mich hier »verzischen«. Worauf ich frage, was ihm einfällt, ich hätte ihn nur angegrinst, weil er und seine Jungs so gute Laune hätten, und natürlich würde ich hier sitzen bleiben, und das solle er auch fix wieder tun. Nach den üblichen Drohposen und Verwünschungen trollt sich der Typ. Die Leute im Abteil haben die Szene mit einer Mischung aus besoffener Neugier und Desinteresse mitverfolgt; wahrscheinlich denken sie, ich sei ein Feigling. Hinter mir sagt der junge, kräftige Türke, von dem ich das am wenigsten erwartet hätte: »Warum haust du dem Typen nix aufs Maul? Du musst aufstehen und ihn einschüchtern, sonst hat er keinen Respekt vor dir. Ich hätte dir schon geholfen.« Danke, Mann.

Aber das sind seltene Ausfälle. Der wahre Ärger sitzt woanders. In einer städtischen Agglomeration ohne urbanes Zentrum wie dem Ruhrgebiet kommt dem öffentlichen Personennahverkehr eine entscheidende Rolle zu, sollte man meinen. So gern und täglich ich aber auch den (tatsächlich von den Leuten so genannten) ÖPNV kreuz und quer durchs ganze Revier benutze, »großstädtisch« buchstabiert man wahrlich anders. Sicher, es gibt innerstädtische Nachtlinien an den Wochenenden. Wow. Tatsächlich aber sind die Taktzeiten der S-Bahnen vor allem in den Abendstunden eine Zumutung. Die Ticketpreise sind eine Zumutung, die Nord-Süd-Verbindungen sind eine Zumutung. Was soll das erst 2006 werden, wenn wir die WM im Haus haben? Insofern war auch die Diskussion um den Metrorapid reine Zeitvergeudung: Das Magnetding, das 300 Kilometer pro Stunde hinkriegt, wäre zwar ein hübsches Vorzeigeprojekt gewesen und hätte die Aufmerksamkeit auf den innovativen Standort Ruhrgebiet gelenkt, hätte aber mit Stopps an jeder zweiten Laterne seine eigentliche Stärke völlig verplempert. Fazit also leider: Wer sich nicht ausdrücklich für den VRR entschieden hat, ob aus fundamentalistischen Umweltgründen oder weil er den Lappen eh nie wiederbekommt wie ich (und sich das ganze Elend mit »Demut« und »volkskundlich interessant« schönredet), benutzt natürlich das Auto. Aber kommt man damit schneller ans Ziel? Jein.

Für die Ohren staugeplagter Fremder heißen Ruhrschnellweg (A 40, B 1) und Emscherschnellweg (A 42) wahrscheinlich nur deshalb so, weil sie hier »schnell weg« wollen. Offensichtlich sind beide Namen Euphemismen. So wie der Oberschüler vom humanistischen Gymnasium »Eumeniden« statt »Erinnyen« sagt. Für Nicht-Ruhrgebietler mag besonders der Ruhrschnellweg eine bedrohliche Macht ausstrahlen. Fährt man durch Essen, sieht man hautnah, wie die Hauptschlagader des Reviers die alten Stadtteile zerrissen hat. Die grauen Mietshäuser stehen zum Teil direkt an der Fahrbahn; man schaut zu, wie Kopfkissen aus dreifachverglasten Sprossenfenstern geschüttelt werden und im dritten Stock Omis in Strickjacken ihre weiße Dauerwelle ungebrochen in den Lärm und den Abgaswind halten.

Aber trotzdem ist der Ruhrschnellweg toll! Man muss nur mal vom Termin aus Düsseldorf kommen und kann es sich schon auf der A 52 in Höhe Bergerhausen im Stau gemütlich machen. Ist der Ruhrschnellweg erreicht, geht es dreispurig weiter, oft steht man aber von Frillendorf über Kray bis Gelsenkirchen. Das macht jedoch nichts, denn auch die Gegenseite steht gern vom Ruhrstadion über Wattenscheid bis Kray. Fremde Autofahrer macht das wahnsinnig. Uns nicht. Wir sind Stau-Buddhisten. Stau ist allerdings eigentlich der falsche Terminus, denn es fließt ja tatsächlich immer weiter. Endlos und zähflüssig. Wir sind nicht Buddha, wir sind Honig. Es gibt keine Autobahngegend in Deutschland, in der so souverän mit dauerüberlasteten Straßen umgegangen wird. Nicht nur, dass wir in dem Wirrwarr von Ausfahrten, Knoten und Kreuzen lässig die Übersicht behalten, es lässt sich auch ein permanenter Spurwechsel auf die gerade weniger zähe Fahrspur beobachten, der kaum je aggressiv ist. Überwiegend geglücktes Reißverschlussverfahren und nachsichtiges Hineinwinken auch des durch Heckaufkleber und Fußballwimpel erkannten politischen oder sportlichen Gegners machen es möglich. Unter dem Fuchsschwanz sind alle gleich.

Wo Stadtteile »Heißen« heißen

Als Besucher des Ruhrgebiets müssen Sie sich einfach mal zwei Stunden Zeit für unsere Autobahnen nehmen. Werfen Sie Baldrian ein und cruisen Sie einfach zwischen Duisburg und Dortmund hin und her. Für den fortgeschrittenen Industriekulissen-Aficionado ist sicher der Emscherschnellweg landschaftlich attraktiver. Am Herner Kreuz haben Sie meist ein wenig Aufenthalt und können sich in Ruhe dem mächtigen Steag-Kraftwerk widmen. Steigen Sie ruhig aus und machen ein paar Fotos von den dampfenden Kühltürmen und dem hohen weißen Schlot, den man im gesamten östlichen Ruhrgebiet gut erkennen kann. Zwischen Gelsenkirchen-Bismarck und Schalke gibt es ein prima Güterbahnhof-Ambiente parallel zur Autobahn, und Fußballfreunde verneigen sich stumm nach links zur alten Glückauf-Kampfbahn samt Ernst-Kuzorra-Platz. Schlachthöfe, Stadthäfen und Tanklager haben Sie bei sich zu Hause ja sicher auch, aber wir schütten dazwischen immer noch gern eine begrünte Halde hin und stellen Kunst obendrauf.

Den Nordsternpark zu beiden Seiten der Emscher erkennen Sie an der elegant geschwungenen roten Brücke über den Rhein-Herne-Kanal; es ist übrigens das Gelände der Bundesgartenschau von 1997, errichtet auf altem Zechengrund. Und wenn die A 42 am Hafen Bottrop den Kanal kreuzt, leuchtet rechts der 50 Meter hohe, begehbare Tetraeder hoch über der Schachtanlage Prosper Haniel wie ein spinnenbeiniges Ufo. Spätestens hier machen Sie Aah und Ooh. Das nächste Mal am 109 Meter hohen Gasometer Oberhausen, in dem Christo und Jeanne-Claude eines Nachmittags, als sie Langeweile hatten, 13 000 bunt lackierte Ölfässer zu einer gigantischen »Wall« übereinander stapelten. Und noch einmal zehn Minuten später, am Kreuz Duisburg-Nord, bekommen Sie die Kinnlade gar nicht mehr hoch, denn da hat H. R. Giger einen rostigen Weltraumfrachter abstürzen lassen, in dem das Alien seine Eier ausbrütet: der Landschaftspark Duisburg-Nord mit seinen grün, blau und rot illuminierten Essen und Öfen und Mauern und Röhren. Besonders schön in der Dämmerung, und wenn Sie jetzt nach Süden auf die Duisburger Stadtautobahn A 59 abbiegen und bei Sonnenuntergang über die grandiose Landschaft des größten Binnenhafens Europas blicken, werden Sie zugeben, dass Sie so etwas Schönes noch nie gesehen haben.

Den Weg zurück Richtung Dortmund nehmen Sie jetzt schweigend über den Ruhrschnellweg und werden sich zwischendurch höchstens wundern, warum Mülheimer Stadtteile »Heißen« heißen. An der Ausfahrt Dückerweg in Wattenscheid verdichtet sich das Ruhrgebiet zu einigen fotogenen Chiffren: »Stahlhausen« kündigt das blaue Autobahnschild die nächste Ausfahrt an, und das gelbe M von McDonald's lockt zum schnellen Big Mac vom Autoschalter. Wenn mein Freund

Benno am Steuer sitzt, müssen wir hier unweigerlich raus, er kann einfach nicht anders.

Im Hintergrund baut sich klinisch weiß eine hochhaushohe Produktionshalle mit großem blauen Krupp-Emblem auf dem Dach auf, und gleich davor der feuchte Traum aller Tieferleger: D&W! Das kleine beleuchtete Flugzeug auf der Wiese davor führt ein wenig in die Irre, denn hier geht es nur um Autos. Was sage ich, um handgeschnitzte Alufelgen und verchromte Auspuffendrohre. Um circa 80000 Car-Styling- und Tuning-Produkte. Europas größter Anbieter für sportliches Autozubehör und Autoteile, und natürlich treffen sich hier auf dem Parkplatz die Autoverrückten und geben sich in ihren Internetchats Tipps wie: Wer sich bei Mäckes 'ne große Cola bestellt, sollte das Dach aufkurbeln, durchs Fenster geht die nicht rein ... Jeder kennt hier die Geschichte vom Riesenstau, weil sich anlässlich einer D&W-Party halb nackte Tutti-Frutti-Dämchen am Autobahnrand auf Tiefergelegten rekelten, und jeder hier besitzt die Kataloge von D&W mit ihren nicht ganz jugendfreien Titeln. Abends und an Wochenenden wird gefachsimpelt und mit aufgemotzten Karren angegeben, und nicht nur der Opel Speedster Club startet von hier aus seine Touren, »bis der Tank leer ist«. Weil Opel fahrn is wie wennze fliechst, wie der Volksmund weiß.

Danach geht eigentlich nur noch UCI. Den Kinokomplex im Bochumer RuhrPark spricht man natürlich

»Utzi« aus, und dort läuft sage und schreibe immer noch Peter Thorwarths »Bang Boom Bang«! Seit 1999 also. Und ist längst Kult wie zwanzig Jahre früher die Rocky Horror Picture Show im Bochumer Unicenter. Die Leute kommen in ihren Ruhrgebietsautos und feiern regelrechte Partys. Kaum einer, der den Film nicht komplett mitsprechen kann. Können Sie sich das vorstellen, Ralle Richter, Diether Krebs in seiner letzten Rolle, Oliver Korittke, Alexandra Neldel und Sabine Kaack. Kalle und Schlucke in einer Ruhrproleten-Gauner-Komödie, die ihre Hardcore-Fans zum Delirieren bringt. Hier elf typische Fanzitate aus einem Internetforum:

Sarah aus Bochum: »Bang Boom Bang gehört mal ganz sicher zur Allgemeinbildung im Pott!«

Hendrik aus Herne: »Der Film ist der Hammer. Völlig trocken und ohne Vorwarnung werden hier Sprüche in den Raum geworfen, über die man auch nach einem Jahr noch lachen kann!«

Nicole aus Bochum: »Gestern war in Bochum 'ne Bang Boom Bang Party, war voll cool! Wer nicht da war, hat echt was verpasst!«

Phanthomasius aus Hamburg: »Die Besetzung der Rollen ist wohl die treffendste, die ein deutscher Film je gesehen hat. Absolut kultverdächtig und auf Jahrzehnte hinaus ein absolutes Muss für jeden Cineasten.«

Zuckermäuschen aus Bochum: »Genauso Kult wie Tarantino-Filme!«

Manuel aus Wanne-Eickel: »Einfach eine geniale Story und Dialoge, die es nur im Pott gibt! Sach nix, gucks dir an!«

Tobi aus Hamburg: »Der Anfang des Films ist schon so genial! Ich könnt nur abfeiern bei dem Film! ANSCHAUEN!! 100% KULT!! Bester deutscher Film!«

Cosmic aus Recklinghausen: »Dieser Film ist der Hammer des Jahrtausends! Allein der goldene 500 SEC (Champagner Metallic) ist einen wöchentlichen Besuch im Kino wert!!«

Heiko aus Bochum: »Titanic wird in 20 Jahren keinem mehr ein Wort entlocken, Bang Boom Bang wird noch in 100 Jahren einer Revolution gleich kommen!«

Skywalker25 aus Moers: »Der mit Abstand beste deutsche Film, weil er das typisch deutsche Leben widerspiegelt (aus männlicher Sicht zumindest)! Kann es locker mit den Hollywood-Produktionen aufnehmen! Mit mehr Promotion wäre ER die Nr. 1 und nicht dieser Bully-Schuh!«

Horst aus ’em Ruhrgebiet: »Die Mutter, der Gott aller Filme!«

Ach ja, »Manta, Manta« spielt natürlich auch im Ruhrgebiet.

Elf Freunde (6): »Ballern auf Garagentore ist verboten!«

Wenn ich in meinen Erinnerungen krame, finde ich da weder rauchende Schlote noch Tag und Nacht schwer malochende Kumpels, die ihren kargen Lohn in der Kneipe an der Ecke auf den Tresen hauen. Meine Gedanken sind da, äh, romantischerer Natur: Ich, als kleiner Wursthaken in aller Herrgottsfrühe in der Küche, meinem Vater beim Rasieren am Spülstein zusehend, bevor er auf Schicht muss; die Männer der Nachbarschaft beim samstäglichen Autowaschen laut die Bundesliga im Radio (mit Kurt Brumme) hörend; die Herner Jungs von nebenan, Hemmie, Ulli, Axel, Walla und ich, die nicht auf die Garagentore bolzen dürfen, weil der alte Willi Weiß von der Nachtschicht ausschlafen muss.

Und heute? Wie jeder normale Mensch halte ich mich gerne in Hamburg oder Berlin oder so auf (Gegenden also, wo das Bier nicht schmeckt, wo die Currywurst ganz anders gemacht wird und wo es unverständlicherweise keine Buden, pardon: Kioske gibt), aber wenn dann auf der Rückfahrt links von der Autobahn die Kühltürme von Hamm-Uentrop auftauchen, dann macht mein Herz einen kleinen Hüpfer, weil ich weiß, dass ich schon fast wieder zu Hause bin. Auf die Garagentore darf heute übrigens wieder keiner ballern, nicht wegen der Nachtschicht, sondern weil der Hof jetzt so schön ordentlich fertig gemacht worden ist. Strukturwandel im Kleinen.

Ralf Odermann, 46, nach John Peels Tod alleinige Rock-DJ-Legende (Logo, Planet), Bochum

Elf Freunde (7):
»Die Kneipe als Lehranstalt«

Früher hat mich mein Vater sonntags immer zum Feldhandball mitgenommen. Das gibt's heute nicht mehr. Dort waren kräftige schmutzige Männer zu sehen, mit blutigen Knien und alle sehr nett. Sportlich gesehen haben die mehr geleistet als heutzutage mancher gut bezahlte Profi. Danach ging's in die Kneipe, es wurde viel getrunken und geraucht. Gilt das heute als pädagogisch verwerflich, so kann ich nur sagen, dass ich dort sehr viel über Menschen gelernt habe. Zu Hause wartete die Omma in ihrer Wohnküche mit dem Sonntagsbraten, wir haben es immer so gerade geschafft.

Pia Lund, 40, Popstar, Dortmund

5. Fußball, dein Name sei Ruhrpott!

Also spricht der Fußballlehrer zu seinem Kapitän: »Kacki, mach die Brühe leer, da oben is angezapft.« Und Kacki, der nach hitzigem sommerlichen Endspiel an einem Radler saugt, gehorcht seinem Trainer Ralf Zyla. Ein hartes, forsch herausgespieltes 4:2 gegen den VfB Günnigfeld 2 liegt hinter dem heimischen Spielverein Höntrop 1916 e. V.

Sonntachnamittag, Kreisklasse A. Der letzte Spieltag der Saison ist ein heller Frühsommertag Anfang Juni mit dünner blauer Luft und hohen Sahnegebirgen am Himmel. Der Präsident stößt zu dem verschworenen Haufen am Spielfeldrand: »War zwar nicht die erfolgreichste Saison, aber Prost!« Fünfzehn Männer setzen sich das Fiege an den Hals, und Trainer Zyla kontert entrüstet: »Wat?! Hömma, wir sind Dritter geworden!«

Fußball im Ruhrgebiet ist mehr als Ballsport. Ist mythenbeladen, legendenumrankt, ist ehrliches Rackern unter elf Freunden. Sagt man. Wo, wenn nicht hier, lebt der Geist der Kuzorras? Der Platz am Preins Feld im Wattenscheider Vorort Höntrop ist ein Aschenplatz, an zwei Flanken eingerahmt von fünf- bis sechsstöckigen Würfeln aus den frühen Seventies; an einer weiteren Flanke glänzen rote neue Ziegeldächer von Einfamilienhäusern. Hohe Silberpappeln mit brüchigen Ästen wispern ihr Sommerlied, ein hässlicher SPD-Schulkomplex schließt das Karree. Der Vollzahler latzt seine 2,50 Euro und bekommt dafür einen Nachmittag, wie er wohl in den Köpfen spukt, wenn verprellte Bundesliga-Besucher von der guten alten Fußballzeit im Ruhrgebiet schwärmen.

Grau und staubig liegt der Aschenplatz in der Sonne. Schon vor dem Spiel brutzeln die ersten Würstchen draußen auf dem Grill vor Inge's Frittenstube, ein knarziger Oppa mit Gichtgriffeln wendet sie routiniert. Knapp 50 Zuschauer haben sich eingefunden, Kumpels der Spieler, Familien mit Kids, die Freundin des Schiedsrichters und ihre zwei dicken Hunde. Im hutzeligen Vereinsheim sind die Fenster geöffnet, und der Nachwuchsstürmer der Sportfreunde Westenfeld, der mit seinen Kameraden gerade das Vorspiel gegen RW Leithe 3 gewonnen hat, kräht stolz, als ein 2-Liter-Krug mit Pilsbier gefüllt wird: »Ich hab heut eärstema die Latte getroffen, der is jetzt für mich!«

Der Wirt, ein Westfalenschädel mit rosigen Wangen, hört auf den Namen »Wänna« und zapft bedächtig nach alter Sieben-Minuten-Manier. Das kann dauern. Deshalb wird auch zügig Flaschenbier geordert, Fußballer sind ja zunächst durstige Männer und erst dann vorbildliche Sportler. Und rauchen tun die auch. Der kaum zehnjährige Junge, der dem Wirt beim Bedienen hilft, knibbelt die Etiketten von den Warsteiner-Flaschen. Wegen der Punkte. Jürgen Kohlers Werbung wirkt.

15 Uhr, endlich Anpfiff des Kreisligaspiels. Der Pfiff des Schiris schallt laut und deutlich über den Platz. Kaum zwei Sekunden später kommt ein Auswechselspieler aus dem Vereinsheim gespurtet, lässt sich neben seine Kollegen auf die Bank fallen und fragt: »Steht noch Null-Null?«

Die beiden Oppas nebenan mit ihrem nass zurückgekämmten graugelben Haar und ihren hellen Windjacken lachen lautlos in sich hinein. Haben schon viele Spiele gesehen, die Rothosen aus Höntrop waren ja mal richtig groß in den Dreißigern, zweimal Vizemeister der Gauliga Westfalen, Spiele gegen Preußen Münster, Hüsten 09, Germania Bochum, Westfalia Herne. Gegen Dauermeister Schalke 04 gelang im Oktober 1934 das Kunststück eines 1:0 in der Schalker Glückauf-Kampfbahn. Torschütze war Rechtsaußen Klaus Timpert; die Brüder Paul und Jupp Timpert sollen sogar im berühmten Notizbuch des Reichstrainers Sepp Herberger gestanden haben. Der habe aber die Namen wieder gestrichen, berichtet die Vereinschronik nicht ohne Stolz, »nachdem er sich einige Male in Höntrop umgesehen hatte: Auf Nationalspieler, die bereits vor dem Kampf die Chancen im Vereinslokal allzu intensiv diskutierten, wollte er lieber verzichten.«

Immerhin, diese historische Vorlage nehmen die Rothosen heute noch gern volley. Zunächst aber wird gefightet, denn es geht um den 3. Rang in der Abschlusstabelle, den im Moment noch Hedef Spor Hattingen belegt. Die Spieler sind Mitte zwanzig bis Anfang dreißig, viele haben eine Pläte. Das Spiel auf Asche ist sauhart, es gibt engagierte Zweikämpfe, beherzten Körpereinsatz, bei Bremsmanövern zieht eine Staubwolke über den Platz. Kein Ort für filigranes Fußball-Ballett, hier wird richtig geackert, die Zuschauer kommentieren anerkennend jeden gelungenen Spielzug. Es knirscht unter den Stollen, beim Spurt spritzt die Asche hoch. Wer sich hinlegt, tut sich richtig weh, das weiß jeder auf dem Platz und leidet mit, wenn's einen erwischt hat. Die Knie der Spieler sind lila von übereinander liegenden Narben; später sagt Darius: »Meine Wunde schließt schon seit fünf Monaten nicht, weil ich mich jedes zweite Wochenende auf die gleiche Stelle lege.« Höntrop führt schnell, auf dem Trikot prangt der Sponsorname »Ristorante Carmelo« von der Wittener Straße in Bochum; nach einer halben Stunde gleicht

Günnigfeld aus. Wenige Minuten später: »Ey Leute, dat is wieder Standard wie gerade, jetzt passt abba auf!«, ruft Höntrop-Trainer Ralf Zyla, während sich der Linienrichter mit der grünen Fahne seelenruhig eine perzt. Mitten im Spiel!

Fussek ist etwas für Pop-Bewusste

Zwei hochkarätig herausgespielte Angriffe bedeuten den sicheren Sieg für Höntrop, lautes Lob vom Coach. Kurz vor Schluss verteilt der Schiri Gelb, zweimal voll den letzten Mann gerissen. Au, das tat wieder weh. Doch die Zeit der Aschenplätze im Ruhrgebiet geht langsam zu Ende, Kunstrasen soll bald her. Bei heftigem Regen läuft das Wasser nämlich nicht ab, dann sieht der Platz aus »wie auf'm Mars, dann brauchse Schwimmflossen.«

Kunstrasen also soll helfen. Bescheidener Wohlstand in der Kreisliga: Auf dem Gelände der Rothosen entsteht mit viel Eigenarbeit auch ein kleiner Neubau mit Geschäftsräumen und Duschen, damit man nicht von der benachbarten Schule abhängig ist, dorthin müssen die Spieler nämlich nach dem Spiel traben. Doch gleich nach dem Abpfiff gibt es andere Prioritäten: »So, jetzt machen wir 'ne Stunde Mittag«, spricht der Coach, und dann wird angezapft. Als ein blondierter Spieler die Gruppe verlässt, wird ihm hinterher gefrozzelt: »Kai, gehsse noch im Sonnenstudio oder machse Effekte inne Haare zum Saisonabschluss?«

»Kai geht poppen«, meint ein anderer trocken.

Das kleine Dorf Höntrop am Hellweg, Kreisliga A, Nabel der Fußballwelt. So läuft das an jedem Wochenende. Allein in Bochum spielen über 100 Mannschaften in verschiedenen Ligen. Mit Kampf, mit Einsatz, mit viel Spaß, dummen Sprüchen und frischem Pilsbier. Das hat man eigentlich im Sinn, wenn man »zum Fussek« ins Stadion pilgert. Das sagt man hier übrigens oft statt Fußball, so wie man im Raum Wanne-Eickel auch schon mal Kühlek oder Schlawek für Kühlschrank und Schlafanzug sagt.

Viel zögerlicher als in den reichen Fußballstädten geriert sich der alte Kumpelsport im Ruhrgebiet als gesellschaftliches Ereignis mit Sektglas in der VIP-Loge. Viel mehr ist er seit den Pop-bewussten Achtzigern das Ding kregeler Subkulturen geworden, die gesellschaftliche Folie für die Beautiful Loser der Stadt, verbrauchte Studis, intellektuelle Pop-Haudegen, Sportswear-Clubster, Indie-Veteranen mit fettiger Mähne; gut gelauntes Hedonistenpack halt, das Fußball genau so wichtig nimmt wie The-Bands und offensives Trinkertum.

Die schönste Zeit in diesem Sinne erlebte der Revierfußball wohl zuletzt, als der BVB 1997 Champions League-Sieger wurde und Schalkes Eurofighter den Uefacup holten. Als die Fans auf Schalke und in den anderen Stadien stolz und einträchtig das ehemals verpönte Wort »Ruhrpott« skandierten und die Ruhrpott-Shirts der T-Shirt-Drucker von Haberdasher in Dortmund reißenden Absatz fanden. Da waren Fussek und Pop-Bewusstsein und Leben im Ruhrgebiet eins, und das tickt seitdem nach. Gefeiert und diskutiert wird nach dem Spiel in Szenekneipen im Dortmunder Kreuzviertel, im Bochumer Bermudadreieck oder im Duisburger Dellviertel.

Obwohl: nichts gegen »Die Eule«, das Stammlokal der Rüttenscheider Rot-Weiß Essen-Fans. Wirt Gerd Fabritz betreibt die Eule im 47. Jahr und hat es geschafft, seinen Laden auf Ballhöhe zu halten. Ab Samstag um zwölf ist hier Frühschoppen angesagt, es gibt leckere Erbsensuppe und ab 15 Uhr die Bundesliga-Konferenz auf modernem Plasmaschirm. Die Tische sind für Rot-Weiß-Fans reserviert, ebenso für die Schwarz-Weißen und sogar für den FC Bayern. Wenn es ihm passt, spielt Fabritz sogar das Schalker Lied, denn ob Borusse oder Schalker, hier macht niemand Ärger, auch wenn der Flachs zwischen den Tischen blüht.

Der Wirt, seit 50 Jahren Mitglied beim Rüttenscheider SC, nennt Helmut Rahn einen »Freund des Hauses« und kann sich noch gut an die Zeiten erinnern, als Schwarz-Weiß Essen Pokalsieger wurde. »1959 war das, Endspiel in Kassel, 5:2 gegen Borussia Neunkirchen, und am nächsten Morgen habe ich den Trainer morgens um halb acht nach Hause gefahren.« Man kann sich vorstellen, wie das damals abging, doch von Altmänner-Nostalgie keine Spur. Dazu ist Fabritz zu sehr Wirt, seit Jahrzehnten verankert in der Essener Fußballszene: »Über den Sport kriege ich die jungen Wilden aus den Vereinen«, verrät er sein Rezept gegen leere Kneipen, und tatsächlich tummeln sich bei Klinsis erstem Länderspiel gegen die Ösis junge Kartenspieler und hustende Oppas, die mit knarzigen Kommentaren zum Spielgeschehen nicht geizen.

Als geistere Helge Schneider durch die Eule, kann man beim Anpfiff von Schiri-Legende Collina wunderbar surrealistische Tresengespräche belauschen: »Kumma, da is der Pjärluitschi, ha ha, Glatze.« – »Ja, ich glaub dat is einer der Einzigen ... der ... hat ausgesorgt.« Keine Fan-Hysterie beim frühen Führungstor der Deutschen, nur kühle Analyse durch etwa 25 anwesende Bundestrainer. Auch das Gegentor der Ösis regt niemanden auf; man ist hier abgeklärt. Dabei aber Fußballfan durch und durch: Eulen-Enkel Julius, zu diesem Zeitpunkt gerade drei Wochen alt, ist schon im Besitz einer kompletten RWE-Ausrüstung, Trikot, Stutzen und alles. Und das in einer Stadt, die sich anders als Dortmund beileibe nicht über den Fußball definiert.

Dortmund, wo ich das EM-Endspiel Portugal gegen Griechenland in einem gerammelt vollen portugiesischen Nordstadt-Imbiss erlebte, hinter mir der brühheiße Grill, in Schritthöhe die rot-grün geschminkten Gesichter der Kinder, die sich durch die Beine der

Erwachsenen drängten, und mitten im Spiel fingen die Portugiesen ungelogen an, »Griechischer Wein« zu singen. Das ist Ruhrpott-Humor.

Die Nummer eins im Pott sind wir!

Bedingungslose Begeisterung: jeden Samstag im Stadion deines Vertrauens. Vor allem, wenn die satten Millionarios spielen. 32220 Zuschauer erwarten sie ausgerechnet am Nine-Eleven-Tag im (fast) ausverkauften Bochumer Ruhrstadion. Es geht mal wieder um alles: um die Macht im Revier zwischen der einstigen grauen Maus VfL Bochum und der Dortmunder Borussia. Die neue Hassachse im Westfußball; der Gelsenkirchener Vorortverein unter dem späten Assauer hat im Moment zu viel mit sich selbst zu dribbeln, um hier noch ein Wörtchen mitzureden, und außerdem respektieren sich die Blau-Weißen untereinander halbwegs. »Die Nummer Eins im Pott sind wir«, schallern die Bochumer Jungs in der Ostkurve nach der Melodie der »marching saints«, und haben den »Verräter«, den »charakterlosen« Sunday Oliseh gleich als Puppe am nächsten Galgen aufgeknüpft. Ai-ai-aii-ai-ooh, Be-Vau-Be, Hu-rensöö-hööhne!

»Einmal Bochumer – immer Bochumer« steht auf meinem Fanschal, der in meiner (hüstel) Dortmunder Küche hängt. Als Köttel noch ins alte Stadion an der

Castroper Straße gepilgert, Hans Walitza stürmen gesehen, 1973 mit dem Fahrrad hingewallfahrt, als die neuen Flutlichtmasten aufgestellt wurden, Jupp Kaczor, Ata Lameck, Jupp Tenhagen, Jochen Abel, Katze Zumdick erlebt. Und eines Samstagnachmittags im September 1976 beim Mofaputzen, keine Karten mehr gekriegt, also Sport im Westen auf WDR 2, ungläubig das Herzinfarktspiel gegen die Bayern miterlebt, die Bochumer führten 4:0 und unterlagen am Ende mit 5:6, es hieß, ein Mann starb noch im Stadion an Aufregung.

Immer noch bei jedem Stadionbesuch zentimeterdick die Gänsehaut, das Prickeln, der Kick, wenn das ganze Stadion mit Herbie »Tief im Westen« singt und sich die Stimmbänder der Fans im Ostblock bei der Zeile »du und dein VfL« in Raserei überschlagen. Die Beschimpfungen, der spontane Fan-Humor, Bekleckern mit Currysoße beim Studieren der Stadionzeitung, Fiegebier aus mobilen Zapfstationen und Tränen in den Augen, wenn dieser kitschige Heimspielschlager ertönt: »Vau-ef-el / Mein Häaz schlägt nua für dich / Wir werden imma zu dir stehn / VfL mein VfL.«

Und auch wenn Madsen an diesem Tag einen Elfer versemmelt und sein spätes Tor niemals Abseits war: Die Nummer eins im Pott sind wir!

Eine Woche drauf bei Kaiserwetter der Gang in den fremden Tempel. Ein schwerer Gang für mich: ausverkauftes Westfalenstadion, 83 000 Feinde, Dortmund gegen Bayern. Aber mein Sohn Simon, 9, war noch nie im Stadion, da kann er heute mit zwei Stümpermannschaften anfangen und später mit mir zum VfL, man muss sich ja noch steigern können.

Wir latzen 80 Schleifen für unsere zwei Schwarzmarktkarten, aber es muss sein. Die Kulisse ist allerdings prächtig, hundert Meter steil und voll gepackt mit Zehntausenden die Ränge in Schwarzgelb, Gesänge und Klatschen und Trampeln. You'll Never Walk Alone – längst ist es ja diese Atmosphäre, die die Leute anlockt, das Spiel auf dem Rasen ist für viele Besucher bloß Mittel zum Zweck. Es geht um das Gesamtkunstwerk Samstagnachmittag, das man sich mit seiner Karte und ein paar Bieren und 'ner Bratwurst erkauft. Ich habe nichts gegen Familienblocks und Merchandising und dass man an jeder Ecke teure Trikots kaufen kann; das ist halt die zeitgenössische Freizeitgesellschaft, und der Ruf nach der guten alten Fußballzeit ist Kopf-in-den-Sand-Nostalgie. Kuzorra und Libuda waren schön blöd, sich mit Tabakläden und Lottoannahmestellen abspeisen zu lassen; typisch Ruhrgebiet, dieses Sich-Kleinmachen. Und die archaischen Rituale sterben ja auch nicht aus, im Gegenteil: Wie im Gospel-Gottesdienst gibt der Hohe Priester der Fankurve mit dem Megaphon das »B-V-B« vor, und »B-V-B« antworten die Tribünen. Call and response, La Ola, Trommeln und bemalte Gesichter, ein Ethnologe hätte seine helle Freude daran. Uuh-uuh-uuh! machen Tausende den Affen, wenn Olli Kahn am Ball ist, 50 Cent kostet die

Banane, die man ihm in den Torraum wirft, und wenn er seinen Abschlag macht, geht es Ooooohhh-Arschloch-wich-ser-hu-ren-sohn! Mein Sohn, wohlerzogen, ist entrüstet über die Verbalinjurien, merkt aber schnell: Die tun nix, die wolln nur Spaß. Es geht nicht darum, Menschen ernstlich zu beleidigen, es geht um eingespielte Rituale in rauen, regellosen Zeiten. Um ein Stück Heimat. Nach 92 Minuten ist die Messe gelesen, die blöden Bayern haben in der Nachspielzeit dank Rheuma-Kai ein sicher verlorenes Spiel gedreht und Doofmund hat zwei Punkte verschenkt. Prima Nachmittag!

Elf Freunde (8): »Heimat für das Inselkind«

Obwohl ich umgeben von einer steifen Brise auf der Nordseeinsel Borkum aufgewachsen bin, war mir das Ruhrgebiet bereits als Kind bestens bekannt. Lebten hier doch »Omma und Oppa Essen«, die wir natürlich zu den üblichen Familienfesten in schöner Regelmäßigkeit besuchten. In Erinnerung geblieben sind mir bei diesen Trips: Einkaufen in der Metro – die vielen Arbeiter-Reihenhäuschen mit akkuraten Gärtchen und Hollywoodschaukel (!) – der Karnickel-Stall im Garten – das Büdchen umme Ecke – der Ministeck-Jesus über dem Sofa meiner Tante – und ein Zitat meines Opas: »Mit die Affen wolln wa nix zu tun ham.«

Dass es mich Anfang der 90er dann tatsächlich nach Bochum verschlug, konnte ich damals natürlich nicht absehen. Doch während meines Studiums an der Ruhr-Uni fehlte es an nichts: Eine überwältigende Dichte an Kinos, Theatern, Clubs und Partys – und jede Menge lockerer, unkomplizierter Menschen, die reden wie ihnen der Schnabel gewachsen ist. Und wie die Dinge so kommen, das »Inselkind« ist immer noch hier. Flucht über die zunehmende Dichte an Ramschläden in der Bochumer Innenstadt, über die seit Jahren überflüssige Baustelle zur Erweiterung des U-Bahnnetzes und freut sich insgeheim darüber, beim Bäcker oder an der Bude nebenan verschwörerisch genau darüber zu lästern. Auch ein Gefühl von Heimat.

Frauke Lambertz, 35, freie Autorin und Werbetexterin, Bochum

6. Was wir tun, wenn wir nicht malochen

Es raschelt im herbstlichen Haselbaum. Ein kurzsichtiges Eichhörnchen legt sich seinen Wintervorrat an und sieht mit Knopfaugen auf mich herunter. Die alte Türkin im langen auberginefarbenen Mantel vor mir zieht ein paar hoch gewachsene Brombeerzweige zu sich herab; vielleicht hängen noch irgendwo einige dicke schwarze Brummer. Ein wenig missbilligend sieht sie mir nach, als ich an ihr vorbeitrabe. Na toll, da rafft man sich dreimal die Woche von seinem Schreibtischstuhl auf und dreht seine Runden, und dann wird auch noch gemäkelt. He, Frau Ermine, mit deinen tiefen Runzeln unter dem Kopftuch, Joggen tut doch jeder hier. Und richtig, ein mittelalter Balkanmann im Retrolook kommt mir entgegen, hui, der Mann hat Puste. Im ollen blauen Trainingsanzug zieht ein kräftiger junger Mann an mir vorbei. Bestimmt 'n russischer Türsteher, mit dem Klotzkopp. Drei smarte Türkenjungs in brandneuer Sportswear hocken auf einer der Bänke und sehen grinsend den drei Hausfrauen nach, die in einer Mischung aus Nordic Walking und Damenkränzchen vorüberschwitzen und -schwätzen. Und dazwischen liefern sich auch noch ein paar Mountainbiker ein Rennen.

Hinter meiner Wohnung in der Dortmunder Oststadt verläuft eine stillgelegte Güterbahnlinie. Natürlich ist sie längst zum Freizeitareal ausgebaut wie fast alles im Ruhrgebiet, was früher einmal der Industrie diente. Das finde ich gut, ich kann von der Haustür aus bis zum Romberg- oder Westfalenpark laufen oder Rad fahren (der gut beschilderte Radweg umrundet die ganze City) und muss nur einmal eine größere Straße überqueren. Die Strecke führt unter der B 1 entlang, die Brücke sieht im Dämmerlicht aus wie ein ovales Auge. Oben rauscht laut der Verkehr, dann geht es durch Schrebergärten, schließlich ist man im Wald und trabt an der Emscher entlang, die hier beharrlich renaturiert wird. Stinken tut sie trotzdem.

Der Weg in die andere Richtung ist mir noch lieber. Auf einer alten Stahlbrücke überquert man den Körner Hellweg. Das ist die uralte Handelsstraße Richtung Osten, die im weiteren Verlauf Wambeler, Brackeler,

Asselner und Wickeder Hellweg heißt und diese alten Dörfer miteinander verbindet. Für eine Exkursion setzt man sich am besten einfach in die Straßenbahnlinie 403 und lässt eine Straßensiedlungskulisse an sich vorbeiziehen, der man die historische Vergangenheit kaum noch ansieht, die man aber unterschwellig spürt.

»9000 Meter am laufenden Band«, wirbt der Einzelhandel auf Schaufensterbanderolen, als käme ein Kunde auf die Idee, diese Strecke am Stück abzubummeln. Skurriles gäbe es genug zu sehen. Uralte schiefe Fachwerkhäuser, hässliche Mietshäuser mit historisierender Schieferfassade und Kupfertüren aus dem Baumarkt, das Grillrestaurant Flattermann, das Fischbüffet »Wahl-Fisch«, Stehpizzerien, Tankstellen. Das Zoogeschäft in Körne annonciert Katzentrinkbrunnen, außerdem: junge Frettchen sind eingetroffen. »Reha für Kids« gibt mir Rätsel auf, habe wohl die neuesten Trends verpasst, prächtige Gründerzeitfassaden leuchten gelb und grün. Ein Dekoladen nennt sich »Körner Ambiente«, in Körne ist man Lokalpatriot. Körner Grill, Eis, Lotto, Körner Videothek, Sonnenstudio – und beim Bäcker ist man immer versucht, nach »Körner Brötchen« zu fragen, haha.

Hinter Brackel (das man Braakel spricht) stehen riesige Logistikzentren von REWE und Edeka in der Gegend herum. In Asseln beginnt das Ackerland. Ein Kaminstudio, eine Plus-Filiale. Eine kleine Windmühle dreht träge ihre Flügel in einem Vorgarten. In Wickede drängeln sich die Billigläden, der Ein-Euro-Textilpionier KiK, MacDöner, Aldi, Neukauf. Komisch, die Vorort-Sparkassen residieren immer in protzigen Glas-Ziegel-Neubauten. Dafür hat Dominique Dessous geschlossen, Wickede ist wohl nicht wicked enough. Die Caritas-Sozialstation wird hier eher gebraucht. Dieser endlos lange Hellweg oder auch die Herner, Dorstener und Hattinger Straße in Bochum, die Altenessener Straße in Essen, die Kölner Straße in Mülheim-Saarn haben etwas Besonderes. Mögen die Häuser längs der Straße auch zusammengewürfelt wirken, man spürt etwas Altes, Dauerhaftes. Wie eine Dorflinde. Schon da gewesen, als die Urgroßmutter noch nicht geboren war.

O la la: Travestie im Schrebergarten

Zurück auf meiner Güterstrecke. Es lässt sich angenehm laufen auf dem knirschenden Schotter, man sieht die Rückfront des neuen Lidl, blickt in die Hinterhöfe restaurierter Zechenhäuser, Kinder pölen in Garagenhöfen, auf Rasenflächen stehen tatsächlich noch Teppichstangen wie früher. Ein paar Amseln im Weißdorn scheppern ihre Empörung von sich. Schwarzdrosseln. Ihr alter Name ist Geitling; danach nannten die Leute die ersten Flöze im Muttental nahe Witten. Auch auf der Schachtanlage Zollern hießen sie so blumig: Geitling, Mausegatt (Mauseloch) und Kreftenscheer nach den Scheren des Flusskrebses. Poetisch, nicht wahr, und Finefrau erst!

So, hier ist der Schrebergarten. Runter von der Bahnstrecke, ab durch die Lenteninsel. Ein kleiner Biergarten vor der Vereinskneipe, gepflegte Beete. Dicke Kürbisse leuchten gelb in der Herbstsonne, Grünkohl, prächtiger Sellerie. Kaum jemand hat ausschließlich Blumen oder Rasen, fast überall wächst der Porree, steht ein knorriger Apfelbaum, sprießt der Dill. Die Lufthoheit teilen sich träge flatternde Deutschlandfahnen, schwarz-gelb vergilbte Borussiaflaggen und Schumi-rote Ferraribanner auf Vollmast.

Wenn man im Sommer hier durch läuft, besteht die Welt aus Grill und Bundesliga aus dem Kofferradio. Aushänge mahnen, das »Wildkraut« beim Heckenschnitt nicht zu vergessen, es muss ja alles seine Ordnung haben. Dortmund ist die Stadt mit der höchsten Dichte an Kleingärten pro Einwohner.

Nahtlos an die Lenteninsel schließt sich der Schrebergarten Schwarzer Kamp an, auf der anderen Seite der Hannöverschen Straße. Fabrikmauern bilden eine Flanke, eine Hochspannungsleitung summt quer über den Gärten, und vom Hochhaus in Sichtweite grüßen die Buchstaben TRD herüber. Das ist ein großer Busreiseveranstalter, der die Sehnsucht der kleinen Leute mit billigen Spanienreisen befriedigt. Na, wer hier ein sonniges Gärtchen hat und pünktlich seine Hecke schneidet, ob der wohl ans Verreisen denkt?

Ich bin mal mit TRD gefahren, an die Costa Brava. Schon hinter Hagen zischten die Hansadosen und wurden die ersten harten Eier gepellt. Ich konnte nicht pennen, nachts durch Frankreich, und las »Naked Lunch«, als wir an den fahl beleuchteten Raffinerien von Lyon vorbeifuhren. Sah genauso aus wie in Gelsenkirchen oder Marl.

Die Vereinskneipe im Schwarzen Kamp bietet etwas ganz Besonderes: »Grace Royal Show«, die Schönen der Nacht! Ausgerechnet an meinem Geburtstag! Soll ich hingehen? Das wär's doch wohl. Für 20 Euro gibt es eine frivole Travestie-Tanzshow im Schrebergartenhaus, dazu ein Dreigangmenü, bestehend aus Rindersuppe, Schweinefilet mit Rahmchampignons und Roter Grütze mit Vanillesauce. Das ist die Erotik der Gartenzwerge, trashiger geht's nicht. Meine Generation der Forty-Somethings, gewiefte Meinungsmacher und Stuhlinhaber, hat ein geschultes Näschen für kulturelle Sollbruchstellen. Ich glaub, ich muss da hin.

An Metro und McDonald's vorbei, über eine Schnellstraße, und endlich im Hoeschpark. Ein verwunschener Ort mit Charme. Sieht aus wie eine Reichssportanlage mit den Pförtnerlogen aus rotem Ziegel, und in der Tat wurde beim Bau von 1938 bis 1941 die Vorliebe der Nationalsozialisten für den »Heimatstil« berücksichtigt. Eigentlich aber diente der Park den Hoesch-Arbeitern der nahen Westfalenhütte zur Erbauung und Ertüchtigung. Vor allem in den 1950er

Jahren, als man seine freie Zeit vor der Haustür verbrachte und noch nicht »ins Grüne« fuhr, war der Hoeschpark ein beliebtes lokales Ausflugsziel; hier fanden Radrennen, Boxkämpfe, die Weltmeisterschaften der Rollschuhläufer oder das beliebte Fest »Hoeschpark in Flammen« statt. Und heute? Ein dichtes Wäldchen zum Spazieren gehen, einige Spielwiesen, ein Kinderspielplatz. Auf roter Asche spielen junge türkische Männer Fußball, am Rand lehnen sich alte Türkinnen mit gestärkten Schleiern und ihre Männer in beigen Strickjacken über das Geländer. Die Zurufe der Spieler erfolgen in lautem Türkisch, nur als ein Tor fällt, rufen sie Jawoll!

Auf dem Rasenplatz innerhalb der alten betonierten Radrennbahn läuft ein Ligaspiel der unteren Klassen, Zuschauer mit Hunden und Kinderwagen haben es sich auf den zugewucherten Steinstufen gemütlich gemacht. Auf dem Platz nebenan wird Baseball unter dem hohen blauen Himmel geübt; riesige gefällte Pappeln liegen in verschiedenen Stadien des Zersägtseins am Spielfeldrand. Kleine Grüppchen Chinesen fotografieren sich gegenseitig. Chinesen? Ja, lesen Sie doch weiter. Vor der Bar im Hoeschpark sind Tische und Stühle aufgebaut, neuerdings legen hier abends DJs auf. Ein perfektes Ruhrgebiets-Ambiente, das von der jungen pottvernarrten Subkultur entsprechend honoriert wird.

Das Freibad Stockheide dicht bei hat im Herbst natürlich schon geschlossen; im Sommer liegt man so lauschig und zeitverloren auf den Liegewiesen unter Bäumen wie in den Sechzigern. Wie viel Uhr mag es wohl sein, hier verschwimmen die Jahrzehnte. Der nahe Kirchturm in der Flurstraße hat an allen vier Seiten kein Ziffernblatt mehr. Das Viertel wirkt gespenstisch zeitlos. In den baumlosen Straßen Moscheen. Deutsche wohnen hier kaum. Ein Verbindungsweg heißt sinnigerweise Freizeitstraße. Die Straßen Richtung Norden enden in abgezäunten Sackgassen an der Springorumstraße, benannt nach dem ehemaligen Hoesch-Vorstandsvorsitzenden Fritz Springorum. Stacheldraht wie in Berlin früher. Hier beginnt jedoch kein Todesstreifen, sondern das Werksgelände der (heute unter Thyssen-Krupp firmierenden) Westfalenhütte. Die wird gerade Stück für Stück von Deutschen und Chinesen (aha!) auseinander gesägt, -geschweißt, verpackt und nach China verschifft. Dort wird sie wieder neu aufgebaut. Die Chinesen brauchen eigenen Stahl, unserer ist zu teuer.

Umgebaut und erweitert werden soll der Hoeschpark. Bäume gefällt, Eintritt genommen. Dann ist wohl dieser spezielle abblätternde Charme futsch, diese Zeitkapsel zwischen Schnellstraße und Stahlwerk. Andererseits wird ja im berühmten Westfalenpark auch ein kleiner Eintritt genommen. Für Robinsonspielplatz, Tonnenteich, Geopfad, Wasserspiele, Japanischen Garten, Seebühne, Henriette-Davidis-Kochmuseum. Das Rosarium genießt unter Züchtern Weltruf, das will alles finanziert werden. Und so schön es im Hoeschpark ist, eben weil er ein bisschen heruntergekommen ist und weil die Leute sich dort auf eigene Faust vergnügen, so unhaltbar sind diese charmanten Nischen auf Dauer. Übrigens auch im so genannten sozio-kulturellen Bereich. In der Rohrmeisterei in Schwerte etwa tummelte sich bis vor zwei Jahren eine kreative Subkultur in einer alten Industriehalle, direkt neben der Senffabrik, wo der legendäre Schwerter Senf gemacht wird. Von der Hallendecke hingen mächtige Kräne, der Putz bröckelte, und wenn mal wieder eine Nacht der Industriekultur durchs Ruhrgebiet tobte und Zehntausende auf die Beine brachte, packten die Künstler, die hier ihre Ateliers hatten, ihre Werke auf die Straße, zündeten Kerzen an und tranken Rotwein. Derweil tauchte der Lichtkünstler Jörg Rost die Rohrmeisterei und den nahen Wald in gespenstisches Licht.

Das idyllische Lotterleben der Subkultur und ihr Köcheln im eigenen Saft ist nun vorbei. Mit viel Geld wurde das Gebäude entkernt und renoviert und präsentiert sich nun als kühl-elegantes Haus, in dem Kulturveranstaltungen laufen. Unverputzte Ziegelwände, Kranbahn und Industriefenster erinnern immer noch an die alte Funktion als ehemalige Pumpstation und Werkshalle der Stadtwerke. Nun aber hat man ein modernes Restaurant in einen Glaskasten mitten in die Halle gesetzt und bietet neumodisches Fingerfood und entdeftigte regionale Küche: Bouillabaisse von Fangfischen aus der Ruhr mit Flusskrebsen. Gebratene Geflügelleber mit Zwiebeln und Äpfeln, also Himmel und Erde mal anders. Perlen von der Kalbsniere auf Schwerter Senfsauce mit Steckrübenmus. Und zum Nachtisch Schwerter Senf-Honig-Parfait auf Mangocoulis. Und die Leute kommen! Familienweise, rudelweise. Nicht nur, wenn das europaweit gerühmte »Welttheater der Straße« die Schwerter Altstadt allsommerlich in ein spektakuläres Szenario verwandelt. Im letzten Sommer säumten 15 000 Besucher die Straßen, als die französische Compagnie Malabar mit einem riesigen weißen Schiff (!) durch die enge Stadt fuhr und eine poetische Traumgeschichte aufführte. Da sperren die Leute Augen und Ohren auf!

Wo hat der Möllerbunker seinen Haltegriff?

Ereignisse wie diese liebt der Ruhrgebietler. Hafenfeste, Stadtteilgaudis, Gauklermärkte. Alles, was ihm Heimat und Historie vermittelt. Da rennt er zu Zehntausenden hin. Und ebenso funktionieren auch die Konzepte, die nutzlos gewordenen Industrieflächen und mächtigen Zechen- und Hüttenkulissen in der Freizeit zu nutzen, als sei solches Tun organisch gewachsen. Es ist uns, sieht man von einer gewissen Mäkelphase ab, ein inneres Bedürfnis geworden, mit Mountainbike, Ruderboot, Taucherhelm, Bungeeseil,

Snowboard oder Bergsteigerstiefeln ausgerüstet in der Industrielandschaft herumzurennen und ein Freizeitverhalten an den Tag zu legen, wie es in Deutschland einzigartig ist. Die Mäkelphase bezieht sich dabei auf die kurze Umgewöhnungszeit in den Achtzigern, in der die Alten, die noch »auf Zeche« waren, röchelnd ihre Steinstaublungenstimme erhoben und das ganze olle Zeug am liebsten abgerissen gesehen hätten. Was man verstehen kann: In den Stahlwerken und Stollen ist ihnen ihre Gesundheit ruiniert worden, als Knappschaftsrentner beschlossen sie ihre letzten hustenden Jahre. Die Zechen und Werksgelände waren verbotene Zone für Ehefrauen und Kinder, höchstens einmal holte man seinen Opa am Werkstor ab und riskierte einen Blick am Schlagbaum vorbei auf die fremde Welt der Schienenstränge und Maschinenhallen. Und dort soll der kranke alte Mann jetzt klassische Konzerte hören oder Freizeitsport treiben?

Die Jungen aber sind heutzutage studentisch gebildet und mit den Segnungen städtischer und kultureller Infrastruktur aufgewachsen, die ihren Großeltern noch völlig fremd war. Ihr Lebensrhythmus wird mehrheitlich nicht von Schichtdienst und Taubenzucht bestimmt, sondern vom freizeitfreundlichen Semesterplan. Oder profitiert seit den Achtzigern von der Zersplitterung der Jugendkulturen in extremsportlich ausgerichtete Subgruppierungen. Was dank aktueller Vermarktungsmechanismen eine gesellschaftliche Entwicklung in

Gang gesetzt hat, die es mittelalten Pärchen nunmehr gestattet, ihr Wochenende in lila Jogginganzüge gekleidet zu verbringen. Das kommt einerseits der latent prolligen Ruhrgebiets-Wohlfühlkultur enorm entgegen. Und andererseits lebt man heute nun mal gesund. Aber ohne Karl Ganser wär das alles nix. Das Mastermind der Internationalen Bauausstellung Emscher Park (IBA) hat in den Neunzigern einen entscheidenden Mentalitätsumschwung initiiert, ohne den die Industrieruinen heute wohl abgerissen wären. Die frei gewordenen Areale im Armenhaus des Ruhrgebiets, nämlich längs der Emscher, hätten dann als billige Flächen für Deponien oder Shopping Malls gedient, dafür wäre die Zersiedlung der Landschaft nördlich der Emscher ungebremst weitergelaufen. Die im Wortsinn inneren Werte des Ruhrgebiets überhaupt wahrzunehmen und für Gegenwart und Zukunft zu nutzen, ist Professor Gansers Verdienst. »70 Kilometer Hoffnung«, nannte der ZEIT-Architekturkritiker Manfred Sack das sisyphöse Unterfangen.

Ohne IBA allerdings hinge man jetzt nicht in einer Steilwand und suchte verzweifelt nach Halt für die klammen Finger. Da ist aber kein Vorsprung, kein Steinbrocken, nichts. Was man jetzt bräuchte, wäre so ein schöner verchromter Haltegriff. Dieses Ding, an dem sich die Oma immer aus der Badewanne hangelt. Aber Chromgriff is nicht. Und warum nennt sich dieses Ding, an dem man hier mühsam emporklettert, eigentlich Möllerbunker? War »Heulsuse« Andy Möller hier mal eingesperrt? Nein, im Möllerbunker wurden die Erze und schlackenbildenden Zuschläge gelagert, die zusammen mit Koks im Hochofen erhitzt wurden. Wir befinden uns also in einem Eisenhüttenwerk, in »dem« Stahlwerk des Ruhrgebiets, das zu den absoluten touristischen Attraktionen zählt. Inmitten der Türme, Hallen, Öfen und Röhren pfeift man fröhlich »LaPaDü«, und das bedeutet Landschaftspark Duisburg-Nord. Ein Gigant ist dieses Werk, dessen Kerngebäude und -anlagen nicht abgerissen wurden, sondern eine neue Funktion erhielten. Zum Beispiel die etwa zwölf Meter hohen schwarzen Möllerbunker, an denen heute Extremkletterer trainieren. Oder der Gasometer: Der wurde, Sie lesen richtig: geflutet. Autowracks und andere Objekte dümpeln nun am Grund; ein phantastisches Übungsareal für Sport- und Extremtaucher.

Auch für extreme Kultur ist Platz: In der ehemaligen Gebläse- und Kompressorenhalle stiegen die für dieses Ambiente maßgeschneiderten Technonächte des Phuture Club, führte das Ensemble Modern Werke von Peter Eötvös auf, gastierten Calexico und andere Avant-Gitarrenbands. Duisburgs ungeliebter Tatort-Vorzeigeproll Schimanski drehte hier vor spektakulärer Kulisse, ebenso der knarzige Dennis Hopper.

Wer »LaPaDü« pfeift, kann übrigens auch gleich hinterher »Ruderal-la-la« singen: Ruderalvegetation nennt man die mituntер seltenen Pflanzen, die sich auf stickstoffreichen Industriebrachen ansiedeln. Manchmal werden auf solchen Flächen Führungen für esoterische Kräuterweiber angeboten, da dürfen Männer aber nicht mit. Albern, oder? Obwohl, magisch ist dieser Ort auf jeden Fall. Da braucht es nicht einmal einen fetten gelben Vollmond über den Hochöfen, denn schließlich taucht die bombastische Lightshow von Jonathan Park den LaPaDü an jedem Wochenende in gespenstisches Licht. Wenn man in 70 Metern Höhe auf dem Hochofen Nr. 5 steht, sieht das ganze Stahlwerk aus wie ein gestrandetes Raumschiff aus einem Buch von Stephen King.

Die kleine Form reicht uns eben nicht. Ein gewisser lakonischer Gigantismus darf's schon sein. Zum Beispiel in Bottrop. Da steht die Halde Emscherblick in der Gegend herum. Ein künstlicher Berg, 90 Meter hoch, aufgeschüttet aus dem Gestein, das der Bergbau aus der Erde geholt hat. Aber Berg allein ist uns nicht genug. Wir setzen noch eins drauf: den Tetraeder. Eine abermals 50 Meter hohe, luftige Stahlpyramide mit schaukelnden Aussichtsplattformen, die an Stahlseilen befestigt sind. Nachts natürlich spektakulär beleuchtet. Der Blick nach unten fällt fast ungebremst durchs Gitter... nichts für Leute mit Höhenangst. Aber ein Ausblick über die zerschundene Stadtlandschaft, hinunter auf die Zeche Prosper Haniel, der ebenso ergreifend ist wie ein Blick vom Gasometer Oberhausen, vom Förderturm über dem Bergbaumuseum Bochum oder vom

Fernsehturm »Florian« im Dortmunder Westfalenpark. Hatte ich schon erwähnt, dass man unter dem Tetraeder selbstverständlich auch toll grillen kann? Ein Sonnenuntergang dazu, eine Kiste Bier – pittoresker geht's nicht.

Der merkwürdige grüne Wurm, der sich da die Halde nebenan herabschlängelt, ist übrigens das Bottroper Alpincenter. Alpin, das verstehen Sie doch? 40 Zentimeter tiefer Schnee! Lifte! Ski und Rodel gut! Die größte Indoor-Wintersport-Anlage der Welt. Darunter tun wir's einfach nicht. Und was man hier für vergleichsweise kleines Geld erleben kann! Holländer vor allem.

Anfänger schliddern mehr schlecht als recht auf geliehenen Snowboards die 640 Meter lange Piste hinunter, lassen sich vom Skilift mitschleifen oder blamieren sich beim Rodeln in der Steilkurve. Derweil tobt in der Après-Ski-Area eine Nonstop-Original-Ötzi-goes-Ibiza-Party mit Jagertee und Semmelklößen, rot-weiß karierten Tischdecken und Gamsbärten am Hut.

Herrschaftszeiten, wie wir diese kognitiven Dissonanzen lieben! Zum Beispiel den Marathonlauf von Bochum nach Dortmund über den gesperrten Ruhrschnellweg. Nächstes Jahr geht's wieder andersrum. Oder Wakeboarden auf der Duisburger Sechs-Seen-Platte: Man hängt an einer Wasserski-Seilbahn und lässt sich fast einen Kilometer durchs Strandbad Wedau ziehen. Oder Bungeespringen vom Dortmunder Florianturm, 150 Meter in die Tiefe. Haben Sie schon einmal dort oben gestanden? Der Wind pfeift, der Blick geht über die Dortmunder Innenstadt, es grüßen Reinoldikirche und »U«, links das Westfalenstadion, hinter einem das tote Hoesch-Stahlwerk – und dann soll man sich von dem schwankenden Steg fallen lassen. Ein Nervenkitzel der besonderen Art, im letzten Jahr allerdings durch einen tragischen Unglücksfall bis auf Weiteres und wohl für immer beendet. Man ahnt das Drehbuch: Junge Frau schenkt Verlobtem den Sprung, das Seil reißt, er springt in den Tod, schrecklich.

Sonntags: Zahnärzte auf den Baldeneysee

Es geht auch ruhiger. Mit Familie in einem der so genannten Revierparks. Sagen wir Gysenberg in Herne. Flankiert vom recht tiefen, dunklen Wald, in dem wir am Sonntagnachmittag nach dem Mittagessen bei den Großeltern unsere langweiligen Spaziergänge drehen mussten. Dabei wollten wir Kinder lieber in den kleinen Tierpark, in dem die Braunbären auf zwanzig Käfigquadratmetern Betonboden ihr Dasein fristeten.

Ich kann mich noch daran erinnern, dass mein jüngerer Bruder Stefan und ich in den konservativen Sechzigern anlässlich solcher Ausflüge kleine karierte Westen und winzige Fliegen und Krawatten am Gummiband zum Oberhemd trugen. Na, das haben wir ihnen später aber heimgezahlt. Jedenfalls war der Revierpark Gysenberg in den langhaarigen Siebzigern eine Attraktion: eine Eissporthalle! Ein Wellenbad! Volleyballfelder. Tennisplätze. Eine Kartbahn. Schachecken. Wir fuhren mit Fahrrädern, später mit dem orangenen Mars-Mofa von Quelle zum dortigen »Freizeithaus« und spielten Tischtennis, ich und Mike Strauß und Ute Dreger.

Revierparks gibt es so oder ähnlich auch in Dortmund-Wischlingen oder Gelsenkirchen-Nienhausen, sie sind so liebenswert prollig und sozialdemokratisch wie das Ruhrgebiet selbst. Obwohl der Ich-AGler von Welt heute ja auf seiner eigenen Schiene fährt. Auf Inlineskates um den Kemnader Stausee im Bochumer Süden, benannt nach dem historischen Wasserschloss Kemnade. Oder, falls rechtzeitig Zahnarzt gelernt, am Sonntag raus zur Segelregatta auf dem Baldeneysee, dem wunderschönen Haussee der Essener unter der Krupp'schen Villa Hügel.

Otto Normalruhri zwängt sich dagegen lieber in die Ballonseide vom letzten Mittwochsangebot bei Aldi, haut sich auf sein Trekkingrad (auch von Aldi) und radelt gemütlich längs der historischen Treidelpfade an der Ruhr entlang. Von Mülheim bis Hattingen, das ist zu schaffen. Und weil der Sonntagnachmittag heilig ist und weil es am Sonntagnachmittag grundsätzlich Kuchen zu geben hat, schauen wir jetzt mal an einem ganz besonderen Café an der Strecke rein: »Die Saskia, die tut mir ja echt Leid, aber sach ich wat, bin ich widda die Doofe, da krisse widda blöde Sprüche, weisse. Kumma, da warn wa im Sonnenstudio...«, und so weiter, das Getratsche und Gebrumm legt sich wie eine Süßstoffwolke über unsere leckeren hausgemachten Kuchen.

Gastschiff Thetis heißt der olle Kahn, der am Kettwiger Promenadenweg festgemacht hat. Man schaukelt leicht auf dem Wasser, Tretboote kommen zutraulich heran und lassen sich füttern, und wenn man mal muss, geht's eine Treppe runter und man schaut beim Pipimachen durch lustige Bullaugen. Solcherart Stachelbeerkuchen-gedopt, geht's weiter an der Ruhr Richtung Werden. Wenn man Glück hat, gerät man wenig später in eine Ruderregatta des Kettwiger Ruderclubs und kann spannende Einer- oder Achterfinale sehen. Das ist wie Fußball-Oberliga, alles sehr familiär und engagiert, es wird gegrillt und gefeiert, stundenlang könnte man sich das ansehen. Oder die abgerockte Minigolfbahn am Kattenturm gleich nebenan: Hier lässt sich ein langer Nachmittag bei leichter körperlicher Betätigung und einigen Bieren wunderbar verdöseln. Wer mag, kann auf dem weiteren Weg unterwegs Holunderblüten pflücken, die kann man zu Hause frittieren oder in die Bowle tun.

Hardcore-Ruhris nehmen lieber den nördlichen Emscher Park Radweg im Schatten der Fördertürme, in Sichtweite die Kokerei Zollverein mit ihren nicht enden wollenden Hochofenbatterien. Mittendrin im

Gewirr von Treppenaufgängen und mächtigen Fassaden: ein Schwimmbad! So richtig mit blauem Wasser und sonnenwarmen Holzplanken drumherum. Die kleine Sommerfrische in stimmiger Schwerindustriekulisse. Das Schwimmbad ist eigentlich »Kunst«; die Frankfurter Künstler Dirk Paschke und Daniel Milohnic haben mit ihrer Arbeit 2001 die Umwandlung stillgelegter Industrieanlagen thematisiert. Den Kindern und Jugendlichen aus den umliegenden nördlichen Stadtteilen ist's wurscht, sie schätzen die Installation als außergewöhnliche Freizeitattraktion. Im Winter bietet die Kokerei ebenfalls Einmaliges: Unterhalb der Koksöfen, in denen einst bei über 1000 °C Kohle zu Koks gegart wurde, vergnügen sich Schlittschuhläufer auf einer 150 Meter langen und zwölf Meter breiten Kunsteisbahn. Zur Eröffnung am 30. Dezember 2001 kamen 5000 Besucher, seitdem wird die Bahn jeden Winter für ein paar heißkalte Wochen geöffnet. Wenn es dann früh dämmert, taucht die rote und blaue Lichtinszenierung der Londoner Künstler Speirs & Major die Kokskulisse in romantisches Licht, und wer dann noch friert, wärmt sich im Kokerei-Café bei Erbsensuppe und Glühwein die klammen Finger.

Und das fitnessgestählte Jungvolk? Schnappt sich derweil sein Mountainbike und rast downhill jede Menge Kohle runter. Der Parcours ist verdammt eigen, hier oben sieht's aus wie in einer Vulkanlandschaft. Könnte Lanzarote sein, aber aus den Augenwinkeln sieht man da unten irgendwo Zechensiedlungen und Fabriken zwischen einer Menge Grün. Ist ja auch nicht Lanzarote. Ist Gladbeck, Mottbruchhalde. Und den Parcours hat das Fun-Sport-Team Gladbeck angelegt, schönen Dank auch.

Eine Halde weiter steht Kunst obendrauf: Richard Serras schräg in den Boden gerammte Stahlplatte auf der Schurenbachhalde. Die steht da und gehört genau dort hin, wie aus Stanley Kubricks »2001« vom Himmel gefallen, ebenso wie der Tetraeder ein paar Kilometer weiter in Bottrop oder das umstrittene »Terminal« von Serra am Bochumer Hauptbahnhof. Das rostet stillvergnügt seit den Achtzigern vor sich hin und zeigt dem Ruhrgebietler wie eine Jahrzehnteuhr an, wie die Zeit verrinnt und ferne Reiche untergehen, aber der SPD-Ortsverein bleibt, wenn auch schwankend.

Übrigens entblödete sich die CDU-Opposition seinerzeit nicht, das wunderschön ins fragile Gleichgewicht gekippte Schrottensemble schwarz lackieren zu wollen. Aus Gründen der Ästhetik. Das hätte zwar (in der Variante »mattschwarz«) einerseits ungewollt subtil an den Ehrenkodex zu Geld gekommener Ruhris gemahnt, die ihre teuren Tiefergelegten gern mattschwarz rollen, um in der Siedlung nicht zu sehr aufzufallen. Street credibility nennt das der Hiphopper. Aber andererseits … nun ja, sie haben es eben nicht verstanden. Dabei passt Serra wunderbar zum Ruhrgebiet, und überdies hat es etwas sehr Pragmatisches, seine dezentralisierte und dekonstruierte Industrie- und Stadtlandschaft mit ein paar Landmarken zu strukturieren. Hat ja auch was von Duftmarken setzen, von Inlandnahme.

Der Goldene Pflasterstein für den Sieger!

Skateboardfahren (und Graffitisprühen) übrigens auch. Im Ruhrgebiet mit seinen Parks und Plätzen, seinen hingekippten Haufendörfern und urban möblierten Fußgängerzonen gibt es astreine Spots. Eine Treppe zum Grinden findet sich überall, etwa gegenüber dem Dortmunder Hauptbahnhof, wo Punks und Skater locker miteinander abhängen oder sich im legendären Plattenladen Last Chance am Kopf der Treppe mit neuem Krach eindecken.

Skateboardfahren kommt hier offenbar nie so richtig aus der Mode; dahinter steckt ein lässiges Lebensgefühl jenseits von »Sport treiben«, das sehr gut zum Ruhrgebiet passt. Bei einer der letzten großen Wellen Ende der Achtziger hatte ich das Glück, mittendrin zu sein. Es sollte ein riesiges, nie da gewesenes Event geben, eben weil es so viele Skateboardverrückte gab. Der damals noch minderjährige Bochumer Martin Magielka trat mit seinem RAP-X Store als Veranstalter auf, seine hochbetagte Mutter saß rauchend im Hinterzimmer und firmierte als Bürgin, und meine spätere erste Frau Andrea organisierte also den »1. Skateboard-Europacup

Essen 1989«. Wir mussten pro forma mit dem Essener Rollsportverein kooperieren, bekamen aber dafür nichts weniger als die Grugahalle als Veranstaltungsort. Stellen Sie sich diesen Messe- und Kulturtempel vor, okkupiert von einer bunten Horde Verrückter mit Dreadlocks, Stüssy-Shirts und weiten Hosen, die vor und in der Halle zu ohrenbetäubendem Skatepunk ihre Tricks übten. Wie gesagt, 1989. Natürlich musste die Halle in letzter Minute in Nachtarbeit aufwändig mit einem neuen Schutzboden ausgelegt werden, aber dann konnte der Contest beginnen.

Aus ganz Europa waren die Sportfreunde angereist, das englische Zorlac-Team übernachtete auf meinem schwarzen Ikea-Sofa, und als der Tag des Finales kam, stellte Andrea fest, dass wir keine Pokale für die Sieger hatten. Es war aber Samstag. Das hieß, die Läden schlossen um 14 Uhr. Und mir fiel die Aufgabe zu, irgendetwas aus dem Hut zu zaubern. Ich besorgte also einen Karton gebrochener Skateboardachsen aus dem RAP-X Store, trieb mich zu Inspirationszwecken im Baumarkt herum und erschien schließlich kurz vor der Preisverleihung mit den fertigen Preisen... In massive Pflastersteine (die Fachwelt assoziiert jetzt bitte »street«) hatte ich mühevoll Löcher gebohrt, dort hinein je eine zerbrochene Achse geschraubt (»Skatepunk«) und das Ganze in Gold, Silber und Bronze angesprüht (»Graffiti«). Aus dem Wettbüro an der Bochumer Brückstraße, das auch Taubenzüchterpokale führt, kamen die Messingschildchen mit der eingestanzten Disziplin (Street, Freestyle und Ramp), sodass auch alles seine seriöse Ordnung hatte. Ich habe nie wieder schönere und aussagekräftigere Sportpreise gesehen, und auch nie wieder dümmere Gesichter, als die mordsschweren Dinger in den Rucksäcken der Sieger verschwanden.

Aber zum Skateboardfahren bin ich denn heute doch zu betagt, wenn mir auch meine Zorlac-Shirts von früher noch passen. Zumindest an den Schultern. Nee, da laufe ich lieber meine Runden und genieße zum verschwitzten Schluss die letzten Meter bis zur Haustür. Der kahl geschorene Türke fegt den Bürgersteig vor seinem Obstladen. Guten Pfefferminztee hat er, und würzigen Ziegenkäse. Meinen Mokka kaufe ich gern dort und die Knoblauchwurst, aber wenn ich die brate, ist nix mehr mit Knutschen.

Eine späte Sonne drängt warm durch die Kronen der Platanen. Leute unterhalten sich auf der Straße. Dieter von der Bude gegenüber grüßt vom Stehtisch. Der langhaarige Mensch mit Bart und Pferdeschwanz von nebenan trägt seine übliche speckige Lederhose und ein olles dunkles Jackett dazu. Drinnen in seinem Game-Laden sitzt ein gutes Dutzend Kinder überwiegend türkischer oder arabischer Herkunft, auch ein paar Deutsche darunter, und spielt Yu-Gi-Oh. Ist auch ’ne Form von Freizeit. Ich geh erst mal duschen.

Elf Freunde (9):
»Ich mach das für dich«

Wenn man vom Ruhrpott, seinen Bewohnern und deren Charaktereigenschaften redet, fällt oft der Begriff ehrlich, was gleichzeitig auch herzlich, loyal und offen impliziert.

Und wahrlich, die, die noch auf Kohle und Staub geboren sind, haben diese prägnanten Eigenschaften.

Mein Mann Tom Mega war einer von dieser Sorte.

Als ich meine erste Veranstaltung organisierte (eine Benefiz-Veranstaltung zugunsten von Rot-Weiß Essen, nach ihrem ersten Lizenzentzug), machte ich mich auf die Suche nach relevanten Essener Künstlern, die in der Zeche Carl zusammen spielen sollten.

Natürlich kam man an Tom nicht vorbei, den ich

heimlich sowieso sehr verehrte. Man kannte sich jahrelang vom Sehen, aber nie hatte ich mit ihm geredet. Ich schellte bei ihm, und seine französische Frau öffnete. »Tom, ier ist jemond, der dich sprechön möchte.« Und schickte mich durch ins Wohnzimmer, wo ich ihm mein Anliegen erklärte.

»Sach mal«, sprach er mit fester, starker Stimme, »weißt du eigentlich, wo ich her komme?« Ich verneinte. »Ich bin geboren in Gelsenkirchen, auf Schalke!« Ich erschrak, denn Rot-Weiß und Schalke verbindet eine abgrundtiefe Hassbeziehung.

»Mich interessiert das, was mit Rot-Weiß passiert, überhaupt nicht, is mir egal.« Da stand ich nun recht konsterniert und nicht wissend, wie ich reagieren bzw. mich aus dieser Situation glimpflich befreien sollte.

Aber Tom war noch nicht fertig und sprach ziemlich unaufgeregt, was ich mein Lebtag nicht vergessen werde:

»Besorg mir ein Klavier, ich mach das für dich.«

Es sind zwar nicht alle so, aber Tom Mega war einer der ganz großen echten Ruhrpöttler, für immer und ewig.

Ramin Köhn, Ex-Clubbetreiber (»Rote Liebe« u. a.) und Veranstalter, Essen

7. Subkultur mit einem Schuss Hochkultur, und wie alles zusammenhängt

Heute wollen wir mal wieder Phillip Boa live sehen. In Duisburg. Die Bewohner dieser rostigen Stadt, ein schwer gespaltener Menschenschlag, sehen vor ihrer Haustür die Ruhr in den Rhein münden und fühlen sich an ihrem Verschwinden mitschuldig. Seinen Schuldkomplex und auch sein vages Wissen von der Welt (denn sinniert er nicht ständig, wo all das Wasser im Rhein hin will, raunt es ihm nicht von fernen Gestaden, rauscht es ihm nicht in den Ohren wie ein Blutsturz?) kriegt der Duisburger nicht anders als mit schwerstem Trinken geregelt. Und auch daran leidet er, dieser mentale Schimanski, und ist darin dem Säufer ähnlich, den der Kleine Prinz trifft: Warum trinkst du? – Weil ich traurig bin. – Und warum bist du traurig? – Weil ich trinke. Und so betrinkt sich der Duisburger in als düsterste Punkschuppen und Dada-Künstlercafés getarnten Therapiezentren seiner Stadt umso mehr. Menschen aus anderen Städten lässt er zufrieden; wie könnten sie ahnen, woran er zerbricht?

Das passt natürlich gut zum rüde-melancholischen Rock des Mittvierzigers Phillip Boa, und dieser wiederum, ein Dortmunder aus meiner Nachbarschaft, ist überzeugter Ruhrgebietler mit einem typisch gebrochenen Verhältnis zu seiner Heimat. Ich also als langjähriger Boa-Fan und Exeget in Augenhöhe mit der Straßenbahn 903 nach Duisburg-Hochfeld, in die Rockdisse »Pulp«.

Die endlose, grau-heruntergekommene Wanheimer Straße ist eine euro-muslimische Interzone; Internetcafé reiht sich an Callshop an Afro-Dreadlockeria, zwischen türkische Obst- und Gemüsehändler haben sich Filialen von KiK Ein-Euro-Textilien und Bäckerei Kamps geschoben. Über einem niedlichen Gardinenfachgeschäft, das so aussieht wie ein kleines Lädchen in den Hoffmann-gestärkten Sechzigern, prangt ein türkischer Name. Ein einziger prächtiger pulsierender Boulevard der Hoffnung, die Champs-Elysées der Immigranten, halb Basar, halb ewiger Schlussverkauf.

Kurz vor dem Pulp, direkt an der S-Bahn-Brücke, leuchtet hell ein zweistöckiges 24-Stunden-Fitnesscenter namens MacFit, es ist wahrscheinlich eins der größten seiner Art. Vor der Tür parken tiefergelegte Mittelklasseautos, einige mit Türk-Spor-Aufklebern, und durch die haushohen Schaufenster kann man kräftiges Zuchtjungvolk beider Geschlechter beim Training sehen. Die Jungs und Mädels sitzen da in ihren Butterfly-Stühlen wie die Hühner in der Legebatterie, es ist ein sehr lustiger Anblick. Na ja, Mitleid ist auch dabei, weil die RTL-Gehirnwäsche bei ihnen so gut gewirkt hat; die Hölle ist wohl eine Castingshow. Die trotzige, mitunter masochistische Verweigerungshaltung, das doppelbödige Spiel mit den Medien und die fast paranoide Mainstreamphobie eines Phillip Boa erscheinen in diesem Augenblick wahrlich als die erstrebenswerteren Güter.

Und dann steht man im Pulp und ist erst einmal geplättet. Hier hat sich das Ruhrgebiet der Frickler und Baumarkthengste, das Ruhrgebiet der monomanischen Bastler und Sammler ausgetobt. Stellen Sie sich einen gutmütigen Balkanhünen namens Drago vor, der sich mit seinen eigenen großen Händen aus einem ehemaligen S-Bahnhof eine mittelalterliche Burg gebaut hat, auch Schlossturm und Zinnen sind fast fertig. Eine jeden Rahmen sprengende skulpturgewordene Baggergreifschaufel empfängt den Gast im Entree, es gibt Gewölbe und Rittersäle mit mächtigen hölzernen Tafeln und massiven Stühlen, in deren Lehnen archaische Tierfiguren geschnitzt sind. Geflexte Alkoven für die Madonna, Christusbilder, Echsen und Drachen aus

Stahl und blasphemische Wandskulpturen, an denen H. P. Lovecraft seine düstere Freude hätte. Und über allem weht der Duft von – Ćevapčići! Es ist nicht zu fassen, das Gruftiepublikum in Lack und Leder gabelt sich brav Krautsalat vom Büffet und steht für restjugoslawische Fleischspieße und Grillkoteletts an. Das ist so souverän weit weg von großstädtischer Hipness, dass es einfach nur Klasse ist und mir Tränen des Stolzes auf meine coolen Stammesbrüder und -schwestern in die Augen treibt.

Boa wiederum (»Making noize since 1985«), nun ja, der passt hierhin. Nach den erfolgreichen Mittneunzigern, in denen er der deutsche Indieheld war, und einer Phase der Versenkung füllt er mittlerweile wieder die größeren Rockclubs im Lande. Längst haben er, seine Exfrau und Sängerin Pia Lund und ihr manisch trommelnder und gitarrensägender Voodooclub im Osten ihre fanatischste Gefolgschaft, aber was ist das Ruhrgebiet anderes als ein Stück Ostdeutschland, und deshalb und weil der Weg ins Pulp schon so surreal war, sinken wir auf die Knie, beidhändig Pilsbier vernichtend, und beobachten: Wie der größte Boa-Hit »Container Love« – die Geschichte vom Penner, der eine kaputt romantische Liebesbeziehung zu seinem Schlafcontainer pflegt – immer noch die Massen zum Schwärmen bringt. Wie hier alter Punk-Spirit ohne Nostalgie hochgehalten wird. Wie der langmähnige Boa in seinem Anzug abgehackte Bewegungen kultiviert und dabei fast ängstlich auf Stil und Haltung achtet, auf dass er bloß nicht in den Verdacht des kommerziellen Ausverkaufs kommen möge. Wie seine Musiker Tött, Mike T, David und Doc Moses mit großer Spielfreude die Hits des Voodooclubs zerlegen und neu zusammensetzen und wie das Publikum mitgeht und mitsingt bei »Annie Flies The Lovebomber« und »This Is Michael« und »Atlantic Claire«. Wie die Fans bei »And Then She Kissed Her« ihrer weißen Göttin Pia Lund zu Füßen liegen und wie diese sich mit den schrillen, Yoko-Ono-ähnlichen Schreien von »Skull« revanchiert. Es ist alles da, was gute, zeitlose Popmusik je ausgemacht hat, Hits & Trotz & Attitude, und deshalb wären eine Hand voll Boa-Songs, angeführt von »Kill Your Ideals«, ein höchst passender Soundtrack für das Ruhrgebiet.

Going Underground

Ohne dass sich daraus der geringste Alleinvertretungsanspruch anmelden ließe! In den letzten zwanzig Jahren haben sich zwischen Krefeld und Soest so viele unterschiedliche musikalische Stimmen zu Wort gemeldet, die sich alle nicht auf Grönies »Currywurst« reimen, dass man sich ernsthaft fragt, warum das Ruhrgebiet nicht als herausragende deutsche Musikregion wahrgenommen wurde und wird. Rüder Thrash Metal von Kreator aus Altenessen. Niederrheinischer Folkrock von M. Walking On The Water aus Krefeld. Neil Young'sches Songwriting von den Flowerpornoes aus Duisburg. Intelligenter deutscher Nöhlblues vom Essener Stefan Stoppok, leider nach Bayern ausgewandert. Chartstechno vom ehemaligen Industriekaufmann Mark'Oh aus Dorsten. Teenierap vom Mädeltrio Tic Tac Toe aus Dortmund. Love-Parade-Hymnen von Hooligan aus Gelsenkirchen. Das alles allein in den Neunzigern; ungezählt dabei die Splittermusiken zwischen Waltrops Mittelwestenbands vom Schlage Ferryboat Bill, Dortmunds Hip-Hop-Szene um das Too-Strong-Kollektiv und Oberhausens Stirb-in-Schönheit-Pop à la Oil On Canvas. Und unter allem pulsieren die quälend langsamen nächtlichen Instrumentals von Bohren & The Club of Gore aus Mülheim.

Machen wir uns aber nichts vor: Heutzutage, das muss man leider zugeben, heißt der erfolgreichste musikalische Botschafter des Ruhrgebiets Sasha alias Dick Brave. Der kommt aus dem westfälischen Soest, gibt sich allerdings als Dortmunder Kreuzviertler aus. Mag zwar menschlich supersympathisch sein, wie man oft hört, aber mittelfristig ist das doch 'ne Pflaume ohne Bedeutung, pophistorisch gesehen. Gottlob bildet sich gerade der nächste große Underground-Schwung im Ruhrgebiet, vielleicht im Umfeld der Bochumer Rapper RAG, vielleicht im Elektrosmog ehemaliger »Pottheadz«-Akteure, ganz sicher um die Bochumer Band Rockford Kabine, deren hässlicher Sänger live gern strippt.

Underground passt sowieso eher zum Ruhrgebiet als der dufte Deutschrock so mancher Pils-und-Pommes-Mundartler. Wir brauchen hier keinen Schnäuzerträger Wolfgang Petry, der sich mit seinem Stadionbrüller »Ihr seid das Ruhrgebiet« bei moralisch nicht gefestigten Freundschaftsbändchenträgern anbiedert. Was wir brauchen und gut können ist sperrige, trotzige Musik mit einer gewissen »Wir tun nicht nur so, wir können uns wirklich nicht verkaufen«-Haltung. Daneben sind hier seit Jahren drei Strömungen unkaputtbar: Metal, Punk und Party. Metal geht so: Century Media ist ein international operierendes Metal-Plattenlabel mit Sitz im Dortmunder Hafen. Von der Dachterrasse des ehemaligen Handelskontorgebäudes mit dem gemeißelten Spruch »Kaufmannsgut ist Ebbe und Flut« im Entree geht der Blick über Hafenbecken, Güterbahngleise, Abraumhalden und Schrebergärten. Hier oben feiern die erfolgreichen Metal-Macher gern sommerliche Grillabende mit ihren Bands. Wir sprechen übrigens von progressivem Death Metal, und der klingt mitunter so, als versuche sich eine Horde Orks beim Ausweiden ihrer Opfer an der Carmina Burana. »Metal gehört ins Ruhrgebiet«, sagen die Century Media-Leute: »So richtig in die Fresse.«

Punk dagegen geht so: Höflich bittet ein adrett zerlumpter junger Punk die Vorübergehenden am Dortmunder Hauptbahnhof um etwas Kleingeld. Wenn es ihm verweigert wird, wünscht er den Leuten trotzdem freundlich »noch einen schönen Tag« und trollt sich wieder zurück zu seiner Gruppe von zehn, zwölf bunten Nachwuchspunks, die vor der Stadtbücherei herumlungern. Im nahen Brückstraßenviertel bietet ein halbes Dutzend Klamottenläden rot karierte Punkhosen von der Stange an. Ärzte-Aufnäher sind schwer gefragt.

Und Party? Der Ruhrgebietler an sich ist ja kein Hedonist. Es gibt zwar eine Hand voll bundesweit anerkannter Großraumdiscos, doch auf Clubebene hat es überraschend lange gedauert, bis sich Techno und House hier durchgesetzt haben. Obwohl die Industrie-Locations, in denen wir unsere Clubs gern unterbringen, geradezu nach elektronischen Beats schreien. Das Geschmacksdiktat des hemdsärmeligen »ehrlichen« Deutschrock, produziert von schwitzenden SPD-Gitarrenfacharbeitern, hat bis weit über die Neue-deutsche-Welle-Zeit hinaus gegolten. Und doch ist die heutige Party-Community die einzige Bevölkerungsgruppe, die das Ruhrgebiets-Metropolenleben vorbildlich lebt. Sich nächtens auf der Achse Dortmund–Düsseldorf hin und her zu bewegen, von der Liquid Lounge auf dem Dortmunder Thier-Brauerei-Gelände ins Tribehouse nach Neuss zu gurken, ist für sie absolut selbstverständlich. Zwischendurch im Mudia Art in Essen-Frohnhausen vorbeischauen, Hotel Shanghai auf der Steeler Straße nicht vergessen, auf dem Rückweg vielleicht noch in den U-Club in Wuppertal-Elberfeld – Respekt, Leute.

Längst haben die Party-People ihr eigenes erfolgreiches Magazin, nämlich Smag aus Essen, bundesweit lanciert, und längst sind DJs aus den Ruhrpott-Clubs wie Ingo Sänger und Steffen Irlinger zu Radiostars von Eins Live geworden.

Wer hat Schuld? Biedenkopf und Zappa!

Unterm Strich erfreuen wir uns durchaus einer recht intakten und lebendigen Szene, die in den Kultur- und Veranstaltungsmagazinen Marabo, Coolibri und Prinz monatlich einigermaßen detailgetreu abgebildet wird. Das Ruhrgebiet der Frickler und Spezialisten (siehe oben) schlägt sich medial in einigen Special-Interest-Magazinen wie Visions (Indie), Smag (Dance) oder Rock Hard (Metal) nieder. Aus dem Dortmunder Visions-Verlag kommt auch die wichtigste Neugründung der jüngsten Zeit, das schöne Interviewmagazin Galore. Die NRW-Ausgabe der Süddeutschen Zeitung allerdings wurde nach wenigen erfolglosen Monaten sang- und klanglos eingestellt.

WDR, RTL und Sat.1 haben selbstverständlich ihre Landesstudios im Ruhrgebiet, und für die seichte Hintergrundberieselung sorgen neben Eins Live vor allem die jeweiligen Lokalradios unter dem Dach von Radio NRW. Für historische und lokalpatriotische Bücher mit leicht altlinkem Einschlag steht der Essener Klartext-

Verlag, für regional gefärbte Kriminalromane der Graphit Verlag. Und daneben hat sich die übliche großstädtische Infrastruktur gebildet, die sich aus Kneipen und Cafés, Skaterläden, Booking-Agenturen, Plattenlabels, Clubs und Arenen zusammensetzt.

Doch wer trägt die Schuld an der subkulturellen Vielfalt? Natürlich Frank Zappa und Kurt Biedenkopf! Irgendjemand muss es ja gewesen sein. Kurt Biedenkopf, weil er 1965 Gründungsrektor der ersten Universität im Ruhrgebiet war, der Bochumer Ruhr-Uni. Sie wissen ja: Kaiser oder Preußen hatten uns Arbeitern jahrzehntelang die Bildung verboten. Ich habe es bereits erwähnt: Wir sollten lieber Kanonen für den Krieg gießen. Ohne Uni jedenfalls keine Studenten, ohne Studenten keine Studentenkneipen und Programmkinos, ohne Studentenkneipen und Programmkinos keine dummen Gedanken, ohne dumme Gedanken keine florierende Kultur.

Und Bürgerschreck Zappa ist schuld, weil er Ende September 1968 Headliner der Internationalen Essener Songtage war. Er und 200 subversive Spießgesellen zogen an fünf Tagen 40000 Zuschauer in die Grugahalle und ins Jugendzentrum an der Papestraße, und das noch alles vor Woodstock! Nicht nur politische Liedermacher wie Degenhardt, Wader und Hüsch traten auf, nicht nur die damalige Krautrock-Elite spielte hier (Tangerine Dream, Amon Düül, Guru Guru Groove, aber auch der Wuppertaler Free-Jazz-Eigenbrötler Peter

Brötzmann); Publikumsmagnet und modische Inspiration war vor allem Swingin' Londons begnadete Pop-Heroine Julie Driscoll, begleitet von Brian Auger, dem damaligen »Hexenmeister an der Orgel«. Helge Schneiders Zeit kam ja erst später. Aus den USA wurden als Headliner exklusiv eingeflogen Frank Zappa & The Mothers Of Invention sowie die Aktivistenrockband The Fugs mit den Polit-Dichtern Ed Sanders und Tuli Kupferberg. Auf der Bühne bemühten The Fugs sich kriechend um den Dialog mit einem echten Ferkel, das den US-Vizepräsidenten Humphrey darstellen sollte und dem man auf diese schweinische Weise die Meinung über Vietnam grunzen wollte.

Dem um Originale nie verlegenen Ruhrgebiet wird diese Show besonders gefallen haben; sehr viel anders verliefen in späteren Jahren auch die Performances der Hagener Rocktheatermatadore Grobschnitt nicht. Auftritte dieser Art waren bis dato in Deutschland unbekannt; in dieser geballten Form waren sie sogar einzigartig für Europa. Auch außermusikalisch ließen sich die Akteure nicht lumpen und zeigten, was man mit zivilem Ungehorsam alles anstellen kann: So wurde der greise Essener Oberbürgermeister Wilhelm Nieswandt auf seinem eigenen Empfang von diskussionsfaulen Aktionisten niedergebuht, mit Bierdeckeln beworfen und weggeekelt; auch trugen kopulierende Pärchen und urinierende Solokämpfer bei den abendlichen Livekonzerten zur allgemeinen Meinungsbildung bei.

Die hiesigen Medien – damals wie heute alles andere als liberal – waren natürlich hellauf begeistert: »Langhaarige ausrotten?«, sinnierten Tageszeitungsredakteure in einer Resolution, und es war offensichtlich, dass sie das Fragezeichen lediglich aus Respekt vor Sitte und Anstand verwendeten. Das ganze Spektakel war dem damaligen Stadtjugendpfleger Horst Stein vom Essener Jugendamt die astronomische Summe von 300 000 DM (!) wert – über 30 Jahre später war etwa die Stadt Bochum nicht in der Lage, eben diese Summe für ein seit einem Vierteljahrhundert bestens beleumundetes Festival wie »Kemnade International« zu erübrigen.

Kultur besteht natürlich aus mehr als nur dem musikalischen Underground einer Region. Das Essener Museum Folkwang, das Bottroper »Quadrat« oder, auf der technischen Seite, das Bochumer Bergbaumuseum haben allesamt Weltgeltung, die hier nicht verhandelt werden muss. In der öffentlichen Wahrnehmung sieht man eh nicht die Schrammelband aus der Mietshaus-Suburbia, sondern die weltweit größte Theater- und Musicaldichte neben London und New York: das Bochumer Schauspielhaus, die Ruhrfestspiele in Recklinghausen, das Aalto Theater in Essen, das Musiktheater im Revier in Gelsenkirchen oder das Theater an der Ruhr in Mülheim. Und die Neuen: die wunderschöne Philharmonie im Essener Saalbau. Oder das moderne Konzerthaus in Dortmund.

Diesen Glaswürfel 2002 ausgerechnet in der verrufenen Brückstraße der Junkies, Zuhälter und Hehler zu platzieren wie einen Rauschgoldengel im Hundehaufen, war politisch gewollt und wertete wie erhofft das ganze Viertel auf. Zählt man zu Museen und Stadttheatern noch die erfolgreichen Musicals dazu, vor allem den Bochumer Dauerbrenner »Starlight Express« und die Essener »Aida« im Colosseum, hat man im Ruhrgebiet einen »weichen Standortfaktor«, wie er augenfälliger nicht sein kann. Und doch ist hier beileibe nicht Bayreuth, trotz Schlingensief. Die gewisse Sperrigkeit der Eingeborenen schlägt sich eben auch in unserer Theaterlandschaft nieder.

Wer nach dem Krieg mit einem Eimer Kohle zur Bühne rennt und damit seinen Eintritt bezahlt, hat sich die Ruhrfestspiele redlich verdient. Lebenslänglich. Wer Anfang der Achtziger die heilige Johanna der Schlachthöfe zwischen Schutthaufen in einer besetzten Bochumer Fabrik erlebte, nämlich in Claus Peymanns legendärer Schauspielhaus-Inszenierung, darf zwei Jahrzehnte später neben drei brillanten Ensemble-Mitgliedern auch Harald Schmidt in »Warten auf Godot« stottern sehen. Nur: Theater in besetzten Häusern wäre ohne die damalige Subkultur nicht möglich gewesen. Und die speiste sich aus linken Studenten, Punks und prä-grünen Kernkraftgegnern; alles Leute also, die es zwei Jahrzehnte vor ihnen nicht im Traum gegeben hätte.

Sie besetzten (wie zeitgleich in Hamburg, Zürich,

Berlin) Häuser und leer stehende Zechengebäude, organisierten sich in Kollektiven und gründeten selbstverwaltete Jugendzentren. Das Duisburger Rotthaus, die BO-Fabrik, das Bochumer Heussner-Viertel, die Essener Zeche Carl, der Bahnhof Langendreer und andere Keimzellen der Gegenkultur markierten den Beginn der kommenden Diversifikation der Jugendkultur – und sorgten für eine erste subkulturelle Infrastruktur. Teils illegale Veranstaltungsorte, Proberaumbunker, neue Kneipen, neue Medien: In den fünf Jahren zwischen 1978 und 1983 wurde der Grundstein für einen Strukturwandel der etwas anderen Art gelegt.

Immer wieder hingegangen

Der Rest ist fix erzählt, denn außer in der Breite hat sich seit jenen Tagen des Aufbruchs kaum etwas geändert. 1979 stand ich im Bochumer »Spektrum« am Nordring und ließ mir vom jungen Barkeeper Uwe Fellensiek, heute TV-Kommissar in Köln, meinen üblichen Canadian Club einschenken. Mit 19 ist man ja Lebemann. Das Spektrum war aber neben dem U-BO unter dem Schauspielhaus und dem Club am Hellweg der einzige Laden im gesamten mittleren Ruhrgebiet außer dem Podium in Herne, in den man als damaliger avantgardistisch-linksalternativer Studentenhaschpunkhippie gehen konnte. Sonst gab es nur Oppakneipen.

Ein Vierteljahrhundert später ist das berüchtigte Bermuda-Dreieck in Bochum, in dem sich Szenekneipe an Szenekneipe reiht, längst zum Klassiker mit abblätterndem Ruhm geworden. Das allsommerliche Straßenfest »Bochum Total« gehört bundesweit zu den Publikumsrennern, und noch immer fallen am Wochenende die Jungs mit Ennepetaler Kennzeichen im Bermuda-Dreieck ein, spielen Ampelrennen und reißen grauenhafte Lücken in die einheimischen Bier-, Pizza- und Zahnarzthelferinnenvorräte.

Überhaupt regiert im Augenblick das Déjà-vu: Alles schon mal da gewesen! Die junge Szene von heute kleidet sich in Retro-Trainingsjacken und hört elektronisch aufbereiteten 80er-Sound; statt »Dallas« zu sehen, geht man heute zur »Sex And The City«-Party, und nach den Lavalampen befinden sich gerade die Schulterpolster im Stil-Recycling. Sogar Marabo gibt es noch. Dem »Magazin fürs Ruhrgebiet« steht wie vor 25 Jahren mein langjähriger Redaktionskollege Peter Krauskopf vor, der zu Anfang des neuen Jahrtausends eine politische Niederlage einstecken musste: »Ruhrstadt-Magazin« hatte er das Blatt zwischenzeitlich im Untertitel genannt, aber so viel vorauseilenden Metropolengeist mochte ihm die Leserschaft nicht abnehmen. Nun heißt Marabo wieder wie früher; es scheint so, als seien wir mit dem Begriff »Ruhrgebiet« glücklicher als mit der abstrusen Vorstellung, dass Duisburger, Essener und Dortmunder in einer gemeinsamen Stadt leben.

»Immer wieder hingegangen« nannte Krauskopf seine Marabo-Retrospektive zum 20-jährigen Jubiläum des Stadtmagazins; der Spruch wurde zum geflügelten Wort und zielte darauf, dass Blattmacher, Leser und Themen im Grunde gleich geblieben sind. Lernen kann man daraus, dass die Ruhrgebietsmentalität keinen gravierenden Unterschied zwischen Kulturarbeitern und, sagen wir, Opelanern kennt, die für die Zementierung ihrer Arbeitsplätze auf die Straße gehen.

Elf Freunde (10): »Klappstuhl statt Kanonen«

Immer, wenn ich in Essen über die Fußgängerbrücke zwischen Ikea und Colosseum gehe, wird mir die Veränderung klar, die das Ruhrgebiet in den letzten Jahrzehnten durchgemacht hat.

Früher gehörten die Hallen, in denen der Möbelgigant und das Musical-Theater untergebracht sind, zu den Krupp'schen Fabriken, und noch in meiner Kindheit fuhren kilometerlange Eisenbahnzüge mit flüssigem Stahl über diese Brücke und kreischten, dass es mir eiskalt über den Rücken lief. Über einhundert Jahre lang wurden hier Kanonen gegossen und Granaten gefüllt, heute werden hier Klappstühle verkauft und Andrew-Lloyd-Webber-Songs geträllert.

Ich glaube, das ist durchaus ein zivilisatorischer Fortschritt.

Peter Krauskopf, 47, Chefredakteur des Ruhrgebiets-Magazins Marabo, Essen

Elf Freunde (11): »Die Caprisonne überm Kanal«

BMX fahren im Bombenkrater, hinterher an die Bude, Jägerspeck und Wassereis Waldmeister kaufen. Mit 'ner Holztür als Unterlage die Zechenhalde runter. Im Sommer am Kanal die Pönten anschwimmen. Aber das Geilste war: meine erste Currywurst-Pommes-Majo (plus Caprisonne Kirsch) bei Curry Heini. Den gibt's auch heute noch – in Waltrop. Was eine gute Überleitung ist: Strukturwandel hin oder her, unsere Buden und Eckkneipen, wo man mal kurz stehen bleiben und quatschen kann, sind und bleiben für manche fast Familienersatz.

Marc Nabereit, 30, Journalist und Gelegenheitskoch in besten Häusern, Dortmund

8. Que sera, sera: Die Arbeit und die -slosigkeit und wie alles sein wird

Dortmund, Westfalenpark, Fernsehturm, genannt Florian: In 137,46 Meter Höhe ist man der Welt einigermaßen enthoben. Vor allem, wenn man in einem Drehrestaurant sitzt und es sich bei Kaffee und Apfelkuchen gut gehen lassen kann. Einmal in 25 Minuten ziehen das alte Phoenix-Stahlwerk und eine verdächtig große Brache in Hörde vorbei, die B 1 schlängelt sich Richtung Bochum, in der nahen City sind Stadthaus und RWE-Turm, St. Petri und Reinoldi, großes »U« und Harenberghaus gut zu erkennen. Gelb leuchten die Stützen des Westfalenstadions, und viel Grün gibt es Richtung Hohensyburg und Ardeygebirge. Das heißt aber nur so martialisch, in Wahrheit ist das bloß eine bessere Hügelkette.

Unter uns der Westfalenpark, Kleingärten, Sportanlagen: Insgesamt breitet sich da eine überraschend flache, ganz von Menschenhand gestaltete und recht grüne Stadtlandschaft bis zum Horizont aus; in der Ferne sieht man Hafenkräne und Windräder, Kühltürme und Kraftwerke. Richtung Innenstadt sind es eher ordentliche Karrees mit Reihenhäusern, die auffallen. Von Manhattan keine Spur, es gibt ja in der ganzen City gerade eine Hand voll Hochhäuser, die den Namen verdienen. Ob Richtung Unna, Kamen, Lünen oder Richtung Castrop, Bochum, Herdecke: Der zersiedelte Flickenteppich setzt sich aus Dutzenden Dörfern zusammen, jedes mit eigenem Kirchturm. Es ist eine Heimatkulisse.

Wenn man hier oben zwanzig Jahre sitzen bleiben könnte... Man würde gut 420000 Drehungen mitmachen, 7300 Stückchen Apfelkuchen essen und in dieser Zeit den Wandel des Ruhrgebiets erleben. Es ist so schrecklich spannend, sich die Szenarien auszumalen. Von einer utopischen Stadt der Zukunft, wie man sie sich in den Sechzigern für das Jahr 2000 vorstellte, ist keine Rede mehr. Denn das waren futuristische Fantasien, die ein dauerndes Wachstum zugrunde legten und das Auto und seine Bedürfnisse zum Fetisch machten. Kühn geschwungene achtspurige Stadtautobahnen in Höhe des 20. Stocks gläserner Wolkenkratzer wird es hier niemals geben. Und wohl auch keinen Individualverkehr per Einmann-Hubschrauber zwischen den Hochhaustürmen.

Was aber wird sein? Wer wird in unseren geschrumpften Städten wohnen? Wird es Wohlstand für viele oder Armut für alle geben? Leben wir in einem Kohl'schen Freizeitpark, können aber den täglichen Eintritt nicht bezahlen? Haben wir uns mit Öko-High-Tech umgeben, den wir uns leisten können, weil wir endlich erkannt haben, dass Nachhaltigkeit viel preiswerter ist als Geizgeilheit? Werden wir unser Wissen für viel Geld in alle Welt exportieren? Oder ist alles zusammengebrochen, und durch graue Häuserschluchten mit leeren Fensterhöhlen ziehen bewaffnete Schwarzmeerbanden mit schrecklichen, heute noch nicht vorstellbaren Gelfrisuren?

Dortmund im Jahr 2025: Sechstageschwimmen auf der B1

Was für Szenarien wären also für die nächsten Jahre denkbar? Ziemlich sicher wird das rostige Phoenix-Stahlwerk in Hörde noch stehen, selbstverständlich spektakulär ausgeleuchtet. Es dient als Filmkulisse und Touristenattraktion, seltene Vögel brüten in seinen Schlackenestern. Ein Öko-Hotel gleich nebenan beherbergt japanische Reisegruppen, reiche Kanadier und türkisch-arabischen Geldadel. Die hohen Minarette der Hörder Moschee und die Rufe des Muezzin (der ehemalige Küster der verwaisten Kirchengemeinde, der umschulen musste) vermitteln ihnen ein Stück geistige und religiöse Heimat. Im Sommer gehen einheimische und auswärtige Besucher nach dem Frühstück gern zum Segeln auf dem nahen Phoenixsee. Rund um das mit Emscherwasser geflutete ehemalige Thyssen-Krupp-Gelände ist eine neue Freizeitstadt entstanden. Die Türkengettos am Remberg sind teuren Appartmenthäusern mit Südbalkonen gewichen, und für die Think Tanks in der Hörder Burg werden exorbitante Büromieten verlangt.

Der arabische Besitzer des italienischen Ristorantes direkt am südlichen Seeufer hat seine unscheinbare Pizzeria schon 2004 vorausschauend Al Lago genannt, als sich hier nur eine staubige Industriebrache erstreckte; er ist mit Bootsverleih und mediterraner Frischeküche reich geworden. Abends werden im Phoenix-Hotel Spezialitäten aus der Region gereicht; längst sind die umliegenden Biohöfe, Forellenfarmen und Käsereien prosperierende mittelständische Betriebe geworden, die auch die großen Öko-Handelsketten beliefern.

Nach dem Dinner besucht man die Theaterinszenierung im Hörder Gasometer, der jüngst zum Theater des Jahres gekürt wurde. Wer keine Lust auf Hochkultur hat, geht ins Westfalenstadion. Borussia Emscherblood gegen die Blue White Gelsen Tigers ist ein American-Football-Klassiker, seit Wochen ist das Stadion ausverkauft. Vom alten Revierfußball spricht hier niemand mehr.

Dank der umfangreichen umweltverträglichen Baumaßnahmen anlässlich der »grünen« WM 2006 gelangt man vom Stadion bequem per Freemobil über die prächtige Hoogstraat in die City; die Holländer haben damals die Hohe Straße kurz nach dem Erwerb des Dortmunder Weihnachtsmarktes gekauft und vermarkten sie nun Gewinn bringend als mautpflichtige Flaniermeile. Den verheerenden Tagesbruch vom Frühjahr 2013 auf der kreuzenden B 1 – es sind wohl doch nicht alle Wetterschächte der Zeche Friedrich-Wilhelm ordnungsgemäß verfüllt worden; fast 200 Personenwagen verschwanden mitten im Berufsverkehr jäh in den Tiefen – hat man nach langen Diskussionen offen gelassen und auf ganzer Länge geflutet. Die jährlichen Sechstageschwimmen zwischen dem Neubau der Westfalenhalle und den gläsernen Türmen der Stadtkrone-Ost sind seitdem ein weltweit beachtetes Sportereignis; zu Tausenden stehen die Zuschauer auf der begrünten Uferpromenade.

In der City setzen StationMall und Het Groote U städtebauliche Akzente. Der Hauptbahnhof ist längst in einer großen Lösung mit einem mehrstöckigen Shopping- und Kulturzentrum überbaut und überkuppelt worden, schließlich ist er ein wichtiger Haltepunkt der EuroRapidstrecke Warschau–Berlin–Hannover–Ruhrstadt–Köln–Brüssel–Paris, die jüngst ihr zehnjähriges Jubiläum feierte. Het Groote U dagegen, der denkmalgeschützte Kern der ehemaligen Union-Brauerei, gehört dem Heineken-Interbrew-Consortium und ist der meistbesuchte Museums- und Kulturbau Europas. Auf dem Langemeyer-Floor wird Dortmunder Stadtgeschichte präsentiert.

In der quirligen teilabgerissenen Nordstadt, zwischen begrünten Baubrachen, hippen Afrorock-Tanzclubs und den Franchise-Filialen der Little Mekka™-Gebetshauskette, hat sich eine abenteuerlustige interkulturelle und multinationale Szene etabliert, die neue Formen des Zusammenlebens für die Mitte des Jahrhunderts testet. Wie Manchester, der englische Schwermetall-Moloch, sich seit den vergangenen Achtzigern komplett neu erfunden hat, so gehen nun auch hier Designersport und vernetzte Telearbeit, Kindererziehung und Handwerk, Partykultur und Markentheater, Szenegastronomie und offensive Kunst, Esoterik Food und Altenpflege spannende Symbiosen ein.

Und außerhalb der Stadt, auf dem Universitätsgelände, knubbelt sich Neubau an Neubau. Hier hat man schon zu Anfang unseres Jahrtausends die Weichen für eine Zukunft gestellt, die sich auf die Schwerpunkte IT, E-Logistik und Mikrosystemtechnik konzentrierte – mit erheblicher Strahlkraft für die östliche Ruhrstadt. Die Anlage rühmt sich etlicher Nobelpreisträger.

So könnte es in zwanzig Jahren im ganzen Ruhrgebiet aussehen, zumindest in den Städten, deren Verantwortliche zur rechten Zeit in Bildung, Forschung und attraktive Leuchtturmprojekte investiert haben. Es macht überhaupt keinen Spaß, sich das Gegenszenario auszumalen: Mit einer nach wie vor nicht integrierten zweiten, dritten, vierten Generation von Türken, die sich immer mehr abgeschottet haben wie in Duisburg-Marxloh. No-go-areas in jeder Stadt, Zutritt für Deutsche gefährlich. Mit verarmten Alten, die sich keine medizinische Versorgung und keinen Pflegedienst leisten können. Mit einer Arbeitslosenquote von dauerhaft 20 Prozent, mit dem Wegzug der Jugend, mit leeren und bankrotten Städten.

Nur ein kleines Bild: Am 11. September 2004 fuhr eine winzige historische Straßenbahn aus den frühen Sechzigern an mir vorbei. In dem braunen Wägelchen saßen ein paar ältere Menschen mit strengen Frisuren, die müde rote SPD-Fähnchen schwenkten. »Oh, da fahren'se«, sagte jemand neben mir. »Sind dat etwa alle?«

Es war vor der NRW-Kommunalwahl, und der SPD-Ortsverband in der roten Herzkammer der Sozialdemokratie präsentierte sich wie ein Leichenzug dritter Klasse. Dazu passt folgendes Erlebnis aus dem vergangenen Sommer: Beim kulinarischen Stadtfest »Dortmund à la carte« regnet es wie aus Eimern. Eine illustre Runde hat sich am Nebentisch unter die großen Schirme von Haus Mentler geflüchtet: Plötzlich stehen da BVB-Chef Dr. Niebaum und Dortmunds OB Dr. Langemeyer neben einigen Gastronomen, und Dr. Langemeyer hat nichts Besseres zu tun, als über Essens Kandidatur zur »Kulturhauptstadt Europas« herzuziehen.

Dass man Essen als guter Ruhrgebietler zu unterstützen und stolz darauf zu sein habe, egal ob man aus Bochum, Bottrop oder Lünen kommt, davon hatte der SPD-Mann offenbar nie gehört. Er machte hier am Stehtisch genau diese veraltete und schädliche Kirchturmpolitik, wegen der das Ruhrgebiet nicht inne Pötte kommt. Trotzdem ist er dann bei den Wahlen im Amt bestätigt worden.

Verlierer sind die Pennemöpse

Nächstes Erlebnis: Bochum-Laer. Hier steht das Opelwerk, das im letzten Herbst bestreikt wurde und bundesweit für Schlagzeilen und Diskussionen sorgte. Im alten Ortskern verweist ein Schild am Lahariplatz auf den altdeutschen Namen für Laer. Ein Edeka, ein Pelzgeschäft. Wenige Schritte weiter, fast genau gegenüber der Werkstore, die Eckkneipe Opel-Treff an der Alten Wittener Straße. Hier wurde bestimmt seit 1965 nicht mehr renoviert, Decken und Wände sind mit brauner Paneele verkleidet. Auf den schäbigen braunen Tischen liegen Frühstücksbrettchen, sie sind aber gar nicht aus Holz wie zunächst angenommen, sondern aus weichem Kunststoff. Alufolie klebt hinter den Rippenheizungen, auf der Durchreiche dient eine alte Tropenschatz-Zigarrenschachtel als Behälter für Kronkorken, vergilbte Aktenordner stehen auf einem schiefen Regal in der »Küche«, das Urinsteinklo ist unbeschreiblich.

Es ist eine Kneipe, in der zu besten Opelanerzeiten 70 vorgezapfte Pils auf dem Tresen standen, wenn die Kollegen Pause hatten. Drei, vier Gestalten sind am heutigen Nachmittag zu Gast: Die »Pennemöpse«, wie mein Vater sagen würde, tragen speckige braune C&A-Lederjacken von '79 über uralten Acrylpullovern, haben kranke gelbe Gesichter und sind unrasiert. Vor ihnen stehen Fiegepilsflaschen, man unterhält sich über Scheidung, Opel und Schwarzarbeit. Einer sitzt abseits, studiert seine Bildzeitung am Ecktisch und verkörpert mit seinen gepflegten grauen Locken, Goldkettchen und gezwirbeltem Schnurrbart den Facharbeitertypus, der sich zweimal im Jahr einen Mittelmeerurlaub leisten kann. Im Radio plärrt der Popocatepetl-Twist. Dann Nachrichten: Schröder-Chirac-Abkommen mit Frankreich, es ist jetzt einfacher für deutsche Arbeiter, in Frankreich Arbeit anzunehmen und umgekehrt. Großes Gelächter: »Jau, dann kommen die jetzt mal 'ne Woche hier nach Bochum, und wir gehen rüber und schrauben denen ihre Citröhn zusammen.« Nächste Meldung: Das Land NRW stellt zusätzliche 200 000 Euro für Kunst bereit. Allgemeines Kopfnicken: »Jau, dat is auch nötig. Geh doch mal nach Bochum, da siehsse Kunst! Dat Schrottdingen am Bannof!« Und ein anderer: »Dat hat mein Neffe damals zusammengeschweißt.« Na, den Satz hab ich aber schon aus vielen Mündern gehört. Wenn ich die Aussagen alle zusammenfüge, ist Richard Serras »Terminal« demnach an der Josef-Baumann-

Straße in Bochum-Gerthe von etwa 52 deutschen Neffen und 23 türkischen Schwagern zurechtgebastelt worden.

Der Opelstreik im Oktober machte Gänsehaut. 25000 Menschen, die vor dem Bochumer Schauspielhaus für den Erhalt des Werkes demonstrieren. Transparente bei den Heimspielen an der Castroper Straße: »Opel gehört zu Bochum wie der VfL«. Kinder mit Plakaten, auf denen sie »Was wird aus mir?« fragen. Steven Sloane, der Chef der Bochumer Symphoniker, der für die Opelaner Aaron Coplands »Fanfare for the Common Man« dirigiert. Eine Abordnung von ThyssenKrupp aus Duisburg: »Wir bringen den Geist von Rheinhausen nach Bochum« – eine Anspielung auf die spektakuläre Besetzung der Rheinbrücke beim großen Stahlarbeiterstreik der Achtziger. Da ist es wieder, das solidarische Ruhrgebiet. Man könnte heulen wie ein Schlosshund über die vielen kleinen und großen Zeichen der Verbundenheit, des Mitleidens, auch des entschlossenen Wir-ziehen-das-jetzt-mit-euch-durch.

Es ist klar, wenn Opel hier zehntausend Arbeiter entlässt, wenn gleichzeitig Karstadt wankt, steht das mittlere Ruhrgebiet am Rande des Abgrunds. Aber wie sehr ist die noble Geste der Solidarität auch auf Starrsinn gebaut? Die Pennemöpse im Opel-Treff sind die Verlierer des Strukturwandels, von ihnen ist keine moderne Flexibilität zu erwarten. Aber die Opelaner, die noch Arbeit haben, sind auch nicht anders: »Mein Vatter war bei Opel, mein Bruder arbeitet am Band, und ich geh hier auch nicht weg.« So haben auch die Bergleute gesprochen, die ihre Kinder noch zur Lehre auf Zeche schickten, als längst klar war, dass die bald dichtmachen würde. Das trotzig-scheuklappige Wunschdenken, dass immer alles so bleibt mit kuscheliger SPD-Mehrheit und lebenslanger Beschäftigung bei einem Großbetrieb, das ist leider auch typisch Ruhrgebiet. Der Leidensdruck, bester Motor für Neuerungen, ist längst nicht groß genug, dass man sich endlich ernsthaft mit alternativen Lebensentwürfen auseinander setzte.

Dabei stimmt doch das Szenario. Wir haben hier ein Abenteuerland, in dem heute schon ausprobiert und vorgelebt werden kann, was andernorts vielleicht erst in etlichen Jahren virulent wird. Wirtschaftlich, sozial, interkulturell und demographisch. Längst haben Zukunftsforscher die großen Trends ausgemacht. So dürfte es recht sicher sein, dass die Großindustrie im Ruhrgebiet nie wieder im gewohnten Maßstab Tausende Arbeitsplätze schaffen wird – selbst wenn seriöse Stimmen angesichts des steigenden Weltenergiebedarfs bereits die Errichtung neuer Zechen empfehlen.

Stattdessen setzt alles auf den Mittelstand, der in den kommenden Jahren für neue Jobs sorgen soll. Und auf Netzwerke. Die werden immer wichtiger, und weil es gern informell zugehen soll, treffen sich mittags mittelständische Entscheider gern zum organisierten Lunch. Zumindest in Essen, wo es seit Herbst 2004 den Lunch

Club Essen gibt, in dem sich Unternehmensberater und Anwälte, Werber und Kulturschaffende, Medienleute und Fabrikanten austauschen.

Die Lösung: passender Wein zur Currywurst

Da das Ruhrgebiet offenbar weder ein Zentrum hat noch eines akzeptiert, muss Ruhrstadt-weit und dezentral operiert werden. Wird es also eine Bahn-Ruhrstadt, eine Polyzentrale Ruhrstadt oder eine Matrix-Ruhrstadt geben, wie sie sich Dortmunder Raumplanungs-Studenten für das Jahr 2030 vorstellen? Werden die Kommunen gemeinsam und im Einvernehmen ökonomische und planerische Projekte realisieren? Mit dem Einwohnerschwund haben ja alle die gleichen Probleme; im Essener Fall muss eine Infrastruktur, die für 750 000 Einwohner angelegt ist, auch bei bald nur noch 500 000 Einwohnern unterhalten werden. Das kostet viel Geld. Und die leeren Innenstädte, die überalterten Siedlungen? Abreißen, begrünen und den Restbestand attraktiver für die Bleibenden machen, sagen manche Stadtplaner. Im Zurückschrumpfen liegt genug Job-Potenzial. Wir gehen das notgedrungen recht pragmatisch an, die Lösungen betreffen zunächst oft nur den eigenen Vorort. Muss ein Freibad aus kommunalem Geldmangel schließen wie in Essen-Katernberg das Kuhlhoffbad, wird nach einigem Nachdenken ein Bürgerpark mit Piratenschiff und Grillplatz daraus, nur durch eine Drehtür zu betreten, die nachts verschlossen wird. Nach anfänglichem Zögern haben die Katernberger ihren neuen Park freundlich akzeptiert; er lässt sich schlicht häufiger im Jahr nutzen als ein Freibad. Vielleicht ein Modell für die Nachbarstadt?

Anderes Beispiel: Geht es der Gastronomie schlecht, überdenkt man seine bisherigen Konzepte; aus der guten alten Pommesbude mit dem ewigen Fettgeruch und der ranzigen Bedienung im off-weißen Kittel wird dann vielleicht eine saubere Curry-Lounge mit exotischen Dips und guten passenden Weinen. Meine heroischen Selbstversuche in entsprechenden Pommes-Restaurants in Rüttenscheid, im Bochumer Gerberviertel, in der Recklinghäuser Münsterstraße oder am Dortmunder Alten Markt verliefen durch die Bank höchst positiv.

Oder: Rennt alle Welt in die Einkaufszentren auf der grünen Wiese und killt damit den Tante-Emma-Laden, vernetzt man halt im Gegenzug die bestehenden Trinkhallen zu »everyday«-Kiosken; die ersten Pilotversuche sind bereits gelaufen. Über 120 Mio. Euro Umsatz erwartet die Betreiberin Lekkerland-Tobaccoland von 200 Standorten bis 2006.

Noch wichtiger als Pommes und Büdchenkultur sind jedoch die Fortschritte im Nahverkehr. Endlich werden die Bahnhöfe in Essen und vor allem Bochum ausgebaut, das war auch bitter nötig. Stiefmütterlich betriebene Strecken wie die Ruhr-Lenne-Bahn von Essen nach Witten oder die Nokia-Bahn zwischen Bochum und Gelsenkirchen übergibt die Bahn neuerdings gern an Fremdanbieter. Und die tun prompt was? Natürlich komfortable Neufahrzeuge einsetzen, Begleitpersonal verpflichten und an behindertenfreundliche Ausstattung denken. Plus damit neue Arbeitsplätze schaffen.

Wie wird man aber mit den Gegensätzen fertig werden? Auf der einen Seite wächst die Zahl oft überraschend gut gekleideter Menschen, die Bahnhöfe und Züge durchstreifen und die Mülleimer nach Dosen und Pfandflaschen durchsuchen. Mittlerweile tatsächlich ein alltäglicher Anblick. Auf der anderen Seite vermeldet der Ruhrgebietstourismus ordentliche Zuwächse und Übernachtungszahlen dank unserer Industriedenkmäler, Kulturfestivals und Musicals.

In Dortmund herrscht eine Arbeitslosenquote von gut 15 Prozent; gleichzeitig verfügen knapp 14 Prozent der Haushalte über ein monatliches Nettoeinkommen von über 4000 Euro – immerhin Platz 7 in der Rangliste der 20 größten deutschen Städte. Geld verdienen und Arbeitsplätze schaffen lässt sich offenbar überall dort, wo langfristig gedacht wird und wo alte Zöpfe abgeschnitten werden. Es darf bloß nicht wieder passieren wie vor einem Jahrzehnt, dass sich jede Stadt in NRW gleich zur »Medienstadt« hochsubventionieren lässt, ungerührt davon, dass der Nachbar 20 Kilometer weiter das Gleiche tut. Leere Büroparks und Technologiezentren, die ohne Konzept vor sich hinwurschteln, haben wir genug.

Das Dortmunder Beispiel direkt am Campus beweist jedoch, wie gut kluge Wirtschaftsförderung funktionieren kann. Das hätte man zwar schon früher und auch in anderen Städten haben können, wenn man statt der sterbenden Schwerindustrie lieber die Universitäten subventioniert hätte, aber immerhin. Nötig ist jedenfalls ein Konzept, das starke vorhandene Fakultäten und wissenschaftliche Einrichtungen mit entsprechenden StartUp-Unternehmen koppelt. Die müssen dann bloß noch das Kunststück vollbringen, gleichzeitig solide finanziert und innovativ zu sein. Und dennoch wird es ein knappes Wettrennen des Innovationshasen mit dem Arbeitslosigkeitsigel geben; nur gut, dass wir hier keine Warmduscher sind, wie es der Volksmund so schön treffend formuliert. Will sagen: Ärmel hoch ist angesagt, Zukunftsangst ist nicht unser Ding.

Ein bisschen Spinnerei gehört allerdings auch dazu. Sehen Sie sich nur diesen Prof. Dietrich Grönemeyer an. Der ist weltweit anerkannter Mediziner an der im aktuellen Spiegel-Ranking führenden Fakultät für Medizin der Universität Witten / Herdecke. Obwohl in Göttingen geboren, liebt Grönemeyer – ja, es ist Herbies Bruder – das Ruhrgebiet wie ein echter Ruhrpöttler. Von ihm stammt die Erwägung, riesige Willkommens-Torbögen am Anfang und Ende des Ruhrschnellwegs aufzustellen, und er möchte auch gern die Grenzen des

Ruhrgebiets von Wesel bis Hamm und von Haltern bis Gevelsberg mit starken Scheinwerfern beleuchten, sodass es aus der Luft aussieht wie ein riesiger Schmetterling. Abgesehen von diesen André-Heller-mäßigen symbolhaften Marketing-Ideen zur Hebung des Ruhr-Bewusstseins steht der mitunter recht selbstverliebt auftretende Grönemeyer aber auch für einen extremen Wandel »von Schwatt nach Weiß«, von der Kohle zur Medizin. Wenn man die vorhandene Kliniklandschaft der Spezial-, Sport- und Unikliniken ausbaute und vernetzte, sagt er, könnte man im Ruhrgebiet ein Medical Valley von Weltgeltung etablieren. Bereits heute stammen Entwicklungen der High-Tech-Medizin häufig aus dem Bochumer Bergmannsheil oder werden in Grönemeyers Institut ausgetüftelt. In naher Zukunft, wenn die endlose Gesundheitsdebatte über Wellness, Vorsorge, Reha und Altenpflege in konkretes Tun münden muss, wird das ein lukrativer Markt sein. Und einer, der Personal braucht. Kurgebiet, wie schön wär dat!

Bereits erschienen:

Gebrauchsanweisung für ...

Amerika
von Paul Watzlawick

Amsterdam
von Siggi Weidemann

Barcelona
von Merten Worthmann

Bayern
von Bruno Jonas

Berlin
von Jakob Hein

die Bretagne
von Jochen Schmidt

China
von Kai Strittmatter

Deutschland
von Maxim Gorski

Dresden
von Christine von Brühl

das Elsaß
von Rainer Stephan

England
von Heinz Ohff

Florenz
von David Leavitt

Frankreich
von Johannes Willms

Gardasee
von Rainer Stephan

Genua und die Italienische Riviera
von Dorette Deutsch

Griechenland
von Martin Pristl

Hamburg
von Stefan Beuse

Indien
von Ilija Trojanow

Irland
von Ralf Sotscheck

Italien
von Henning Klüver

Japan
von Gerhard Dambmann

Kalifornien
von Heinrich Wefing

Katalonien
von Michael Ebmeyer

Köln
von Reinhold Neven Du Mont

01/0002/05/L

London
von Ronald Reng

München
von Thomas Grasberger

New York
von Verena Lueken

Niederbayern
von Teja Fiedler

Norwegen
von Ebba D. Drolshagen

Paris
von Edmund White

Polen
von Radek Knapp

Portugal
von Eckhart Nickel

Rom
von Birgit Schönau

das Ruhrgebiet
von Peter Erik Hillenbach

Salzburg und
das Salzburger Land
von Adrian Seidelbast

Schottland
von Heinz Ohff

Schwaben
von Anton Hunger

die Schweiz
von Thomas Küng

Sizilien
von Constanze Neumann

Spanien
von Paul Ingendaay

Südfrankreich
von Birgit Vanderbeke

Südtirol
von Reinhold Messner

Tibet
von Uli Franz

die Toskana
von Barbara Bronnen

Tschechien und Prag
von Jiří Gruša

die Türkei
von Iris Alanyali

Venedig
von Dorette Deutsch

Wien
von Monika Czernin

01/0002/05/R

PIPER

Iris Alanyali
Gebrauchsanweisung für die Türkei

192 Seiten. Gebunden

Sie wollen in Istanbul einen Teppich kaufen? Oder einen Dönerkebab in Antalya? Sie kennen das Wunderwort »ayıp« nicht? Und Sie möchten endlich Ihren Gemüsehändler besser verstehen lernen, der so ungeduldig auf den EU-Beitritt wartet? Dann sollten Sie diese Gebrauchsanweisung lesen: Sie verrät Ihnen nicht nur die Feinheiten türkischer Umgangsformen. Sie werden darin auch einiges über die Schamgrenzen in Hamams erfahren, über die Vorzüge nach Eau de Cologne duftender Überlandbusse und darüber, weshalb Mustafa Kemals berühmtes Konterfei den Besucher seit Generationen aus jeder Fischbude entgegenlächelt.
Iris Alanyali weiß, was ihre Landsleute umtreibt – sie berichtet von der Vereinbarkeit von Religion und Weltoffenheit, von Gerichten, die »Damennabel« oder »Mädchenbrüste« heißen, und davon, welche Rolle die türkische Großmutter im gesellschaftlichen Leben eines patriarchalischen Landes wirklich spielt.

01/1455/01/R

PIPER

Rainer Stephan

Gebrauchsanweisung für das Elsaß

192 Seiten. Gebunden

Kaum eine Region kann eine solche Dichte an Sterneköchen aufweisen wie das Elsaß. Und so ist es kein Zufall, daß das Fremdenverkehrsbüro hier eine Sauerkrautstraße ausweist und eine Straße des gebackenen Karpfens: Die Kochkunst und die Kultur bestimmen die elsässische Lebensart zwischen Vogesen und Rhein. Rainer Stephan führt Sie abseits der *routes touristiques* dorthin, wo es noch Entdeckungen zu machen gibt. Er berichtet von einem famosen Kunstraub und von den Portugiesen in Colmar, und er erzählt Ihnen vom wahren Elsässer, dessen Naturell irgendwo zwischen Pragmatismus und Schizophrenie liegt. Am Ende werden Sie wissen, wo das echte Straßburg liegt und warum die Dombauhütte des dortigen Münsters wohlhabender ist als so mancher Burgherr entlang der idyllischen Weinstraße.

01/1457/01/R